KB018057

정의숙
전미숙
안은미의 춤

한국춤 백화제방의 세 꼭지점

서울문화재단   한국문화예술위원회
Arts Council Korea

이 책은 서울문화재단의 '2011년 예술연구서적발간 지원사업' 선정 저서로,
서울문화재단과 한국문화예술위원회의 후원을 받아 제작되었습니다.

정의숙 전미숙 안은미의 춤

한국춤 백화제방의 세 꼭지점

초판발행 2011년 12월 31일

지은이 김승현
펴낸이 조유현
편 집 이부섭
디자인 조경규
펴낸곳 늘봄

등록번호 제1-2070 1996년 8월 8일
주소 서울시 종로구 동숭동 19-2
전화 02)743-7784
팩스 02)743-7078

ISBN 978-89-6555-013-6 03680

ⓒ 김승현

☞ 값은 표지에 있습니다.

정의숙
전미숙
안은미의 춤

한국춤 백화제방의 세 꼭지점

김승현 지음

늘봄

사랑의 본질을 풍자한 「결혼」이라는 이강백 선생의 우화적 희곡이 있다. 이 선생은 이 작품에서 여자의 일생을 소녀, 어머니, 할머니 세 단어로 요약했는데 그보다 머리에 쏙 들어올 수 없었다. 현대무용을 20년 가까이 몸으로 공부하며 한국 현대무용의 본질을 이처럼 명쾌하게 요약할 수 없을까하는 생각을 늘 해왔다.

2010년 한국 현대무용에서 관객과 평론가, 무용가들로부터 가장 주목을 모은 작품은 안은미의 〈바리-저승편〉, 전미숙의 〈아모레, 아모레 미오〉, 정의숙의 〈자유부인 2010〉이었다. 〈바리-저승편〉은 전편 〈이승편〉과 함께 세계 최고의 공연예술제로 평가되는 2011년 영국 에든버러 페스티벌에 한국 공연예술작품으로는 처음으로 공식 초청됐으며, 〈아모레, 아모레 미오〉는 한국 춤계의 최고 권위의 상으로 꼽히는 한국춤평론가회의 올해의 예술상 작품상을 수상했다. 〈자유부인〉은 한국 현대무용 가운데 처음으로 예술의전당 오페라극장 무대에 오르게 됐다.

더욱이 이들 세 사람은 조금 억지스럽지만 한국 현대무용을 도입기, 발전기, 백화제방의 세 시기로 나눴을 때 각각의 시대에 부합하는 부분도 있다. 그래서 이들 세 사람을 주인공으로 그들의 안무철학, 방법론, 작품을 분석하면 이강백 선생이 「결혼」에서 소녀, 어머니, 할머니로 여자의 일생을 요약한 것처럼 한국 현대무용의 과거와 현재, 미래를 전망하는 스케치가 그려지지 않을까 생각했다.

또 작가를 중심으로 한 이 작업은 작가론 연구가 거의 없는 한국 무용계 현실에서 연구자들이 용기를 내는 계기가 되지는 않을까도 생각했다.

작업을 끝내면 늘 그렇듯이 내지 말 걸, 하는 생각이 들 정도로 허점투성이어서 부끄럽다. 이 작업이 정의숙, 전미숙, 안은미 선생 세 분에게 누나 끼치지 않았으면 좋겠다. 이 작업의 오류를 수정, 비판해 그분들에 대한 마땅한 평가와 함께 한국 현대무용에 대한 살아있는 연구가 진행되길 바란다.

이 책을 쓸 수 있도록 지원해준 서울문화재단에게 감사드린다. 특히 보기 좋은 책을 만들기 위해 집필 이후 모든 것을 맡아 주신 조경규 디자이너에게 감사를 드린다. 또 경제성이 없는 책을 기꺼이 출판해주신 늘봄출판사 조유현 사장에게 감사드린다.

2011년 12월
김승현

3

전미숙의
단아한 충격과 강렬한 인상

5

4

안은미의
몸에 대한 실험과 도발

한국의 현대무용을 들여다보기 위해 왜 정
의숙, 전미숙, 안은미를 봐야 하는가. 물
론 꼭 이들일 필요는 없다. 한국 현대무용
의 전개는 도입, 전개, 백화제방 등 3단계
로 볼 수 있다.

도입 단계는 박외선, 육완순 등을 필두로
1960년대 현대무용이 본격 들어오며 김복
희, 김화숙, 박명숙 등 문학성을 중시하며

세계적 흐름에 민감하면서도 한국적 움직임에 대한 관심을 놓지 않았던 60대 전후의 무용가들의 고통스런 분투기였다.

전개 단계는 이들에 의해 영향 받고 키워진 다음 세대들로 스토리를 탈피, 현실 문제에 고민하며 보다 강력한 상징성이 주목되는 단계다. 전미숙을 비롯해 안애순, 손관중, 홍승엽 등 50대 전후의 무용가들이 여기에 해당한다. 이들에 이어 다양한 흐름과 경향이 봇물을 이루며 백화제방으로 발전해가는 현재 한국 무용은 현대무용 전성시대를 구가한다고 해도 지나치지 않아 보인다. 도입기와 전개, 그리고 전위와 하이테크에 이르기까지 다양한 시도가 동시다발적으로 펼쳐지고 있다. 안은미를 비롯해 최상철, 이윤경, 박호빈, 신창호 등 3~40대 들이다.

물론 한국 현대무용을 이 같이 60대, 50대, 3~40대로 두부 자르듯 딱 잘라 구분할 수는 없다. 60대이면서도 30대 신인처럼 뒤늦게 활발하게 활동하는 이가 있고 3~40대에 이미 거장이 돼 주목받는 이도 적지 않다. 그저 크게 이 같이 나눌 수는 있지만 그 경계는 사실 모호하다.

한국 현대무용의 안무 흐름 또는 전략에 대한 책을 구상하던 2010년 한국 현대무용 작품 가운데 비평가와 무용가, 관객과 기획자 모두로부터 가장 주목받은 작품이 안은미의 〈바리-저승편〉, 전미숙의 〈아모레, 아모레 미오〉, 정의숙의 〈자유부인 2010〉이었다.

2007년 9월 아르코예술극장 대극장에서 초연한 〈이승편〉을 시작으로 2010년 2월 명동예술극장서 초연한 〈저승편〉까지 2부작으로 완성된 안은미의 〈바리〉는 2011년 영국 에든버러 페스티벌에 한국 공연예술사상 처음으로 공식 초청되는 등 작품성이 국내외적으로 확인된 문제작이다.

2010년 7월 아르코예술극장에서 초연한 전미숙의 〈아모레, 아모레 미오〉는 피나 바우시에게 헌정한 작품으로 단순하면서도 많은 상징이 숨어있는 미니멀한 무대에서 기존의 움직임을 해체, 새로운 무브먼트로 안무해 무용계에 충격을 줬다. 전미숙은 이 작품으로 2010년 한국 춤계에서 가장 권위 있는 한국춤평론가회의 춤비평가상 작품상을 수상하는 등 각종 상을 석권했다.

또 2010년 11월 예술의전당 토월극장에서 초연한 정의숙의 〈자유부인 2010〉은 아시아 최초의 프랑스 국립영화학교FEMIS 연출과 출신인 변혁 감독과 함께 만든 총체무용극으로 한국 현대무용에서 무용과 영상의 접목을 새로운 경지로 끌어올려 무용이 품위를 갖추면서 어떻게 다른 장르와 결합, 재미와 감동, 실험성을 추구해야 하는지 그 전범을 제시했다. 이 작품은 예술적 완성도와 함께 높은 대중적 인기를 바탕으로 한국 현대무용으로는 처음으로 국내 최고 권위의 극장인 예술의전당 오페라극장 무대에 오르게 됐다.

우연히도 이들 세 작품의 주인공이 한국 현대무용의 도입, 전개, 백화제방 세 시기에 속한 연령대의 인물로 각 시기를 대표할 만한 인물로 부족함이 없어 보인다. 더욱이 이들 작품에는 한국 무용평론 1세대 박용구(안은미의 〈바리〉 대본)를 비롯해 본격 해외유학파 1세대의 성과에 한국적 정서에 뿌리박은 토속미, 글로벌 시대의 다양한 첨단 테크닉 등 한국 현대무용의 자양분을 모두 품고 있으며 앞으로의 비전까지 제시하고 있다고 해도 지나치지 않아 보인다.

현재 가장 활발하게 활동하고 있는 이들 현대무용가 3명의 작품을 분석, 한국 현대무용 안무의 다양한 전개와 실험, 성과를 파헤쳐 한국 현대무용의 현재와 미래를 분석, 전망해보겠다.

한국 현대무용은 아직 본격 연구가 부족한 상태다. 총론은 물론이고 실증적이고 구체적인 작품론, 작가론 등 각론이 없다. 이는 한국 무용계의 고질적인 분파주의에 창작과 비평의 불편한 거리와 다른 사람의 의견을 받아들이지 않는 고집스런 입장고수와 관련이 있어 보인다.

현재 가장 활발히 활동하면서 비평가와 무용가, 전문가 및 관객들로부터 관심을 받는 안무가인 정의숙, 전미숙, 안은미의 심층 인터뷰와 작품 분석을 통해 한국 현대무용의 흐름을 부족한 대로 정리, 작가론, 작품론을 통한 한국 현대무용의 지형을 스케치 해보겠다.

1

현대무용에 대해

시작부터 개념의 미로에 빠져 헤매고 싶지 않다. 모두가 공감할 수 있는 일반적인 상식선에서 가장 넓게 울타리를 쳐 가능한 모든 주장을 수용하고 싶다.

현대무용이란 무엇인가. 현대의 무용, '지금 추어지고 있는 춤' 이다. 이와 관련 모던 댄스^{Modern dance}와 컨템포러리 댄스^{Contemporary dance} 두 개의 비슷한 개념이 사용되고 있다.

이 두 가지 개념을 엄밀하게 사전적, 역사적 의미로 구분하고 싶지 않다. 사실 '현대'라는 의미를 포함하고 있는 둘 모두 가능한 표현이다. 현대무용을 모던 댄스라고 부른다고, 컨템포러리 댄스라고 부른다고 '지금 추어지고 있는 한국의 현대무용'이 달라질 것도 아닐 것이다.

굳이 구분을 요구한다면 어감상 모던 댄스는 최근에서 지금에 이르는 현재완료진행 시제의 느낌이라면 컨템포러리 댄스는 현재진행형으로 가까운 미래까지 포함하는 것 같다. 둘 다 당대의 춤을 표현하는 말이지만 모던 댄스는 최근에서 지금까지의 춤을, 컨템포러리 댄스는 지금 현재에서 미래로까지 이어지는 느낌이 난다.

현대무용은 당대에 이뤄지는 춤이다. 당연히 새롭게 창작되는 발레, 한국무용을 모두 포함해야 한다고 생각한다. 하지만 발레와 한국무용, 그리고 현대무용을 구분해온 것이 한국의 현실이다. 이는 공연보다는 교육에 무게 중심을 두고 발전해온 한국 무용계 현실에서 어쩔 수 없을 것이다. 그러나 학제간 소통, 융합 추세로 연극과 무용은 물론 영상과 무용, 다양한 멀티미디어와 무용이 결합하는 마당에 현대무용이 지금 만들어지는 발레와 한국무용의 울타리를 넘지 못할 일도 없어 보인다.

2

정의숙

의
문학적
감수성과
고전적
미감

1952년 서울 출생
성균관대 무용과 교수

이화여대 학사, 석사
미국 뉴욕대 석사, 박사

사계(1986)
지젤, 그녀를 위한 진혼무(1994)
햄릿의 연인(1997)
계절의 빛깔, 소리, 움직임(1997)
니나의 봄(1998)
그녀는 아직도 Little Ferry에
살고 있다(1999)
存(1999)
솟대 위에 있는 새들(2000)
동동(2001)
몸짓(2002)
붉은 영혼의 시(2002)
무지개 너머(2003)
색들의 행진(2004)
씻김(2005)
유정남녀(2005)
너 거기 있니(2005)
오월의 향기(2006)
Blanket + Ball(2007)
우리가 원하는 것들(2007)
흙(2007)

도시천사(2008)
보물찾기(2009)
그대안의 낙원(2009)
보들레르의 여인들(2009)
바닐라케이크(2010)
자유부인(2010)
벨이 울리다(2011)
윤이상을 만나다(2011)

→ 17 페이지 〈햄릿의 연인〉
　 18-19 페이지 〈보들레르의 여인들〉

현대무용은 시대정신이다

정의숙은 엄밀하게 말해서 한국 현대무용 도입기의 무용가라 보기 힘들다. 송범, 주리, 한영숙 등 한국무용의 선구자들로부터 춤을 직접 배웠고 대학과 대학원에서 발레를 전공하다가, 현대무용의 본고장 뉴욕으로 유학 가 뉴욕대에서 현대무용으로 방향을 바꿨다. 본격 유학파 1세대로 한국 현대무용 도입기와 발전기를 잇는 징검다리라는 게 적절할 것 같다. 자신의 모든 것을 새로 바꾼 10여 년의 유학생활을 마치고 1990년대 중반 본격적으로 안무작업을 선보인, 어쩌면 현대무용 발전기에도 좀 늦은 축에 속하는 '나이 좀 있는 중견'이라는 게 더 적합한 표현일지 모르겠다. 그의 춤은 한국 현대무용의 도입기와 직접 연결돼 서구 본 고장 현대무용의 세례를 받고 현재 가장 활발하게 활동하고 있는 '나이 많은 젊은 현대무용가'라고 해도 좋을 것이다. 그는 "현대무용에서 가장 중요한 것은 시대정신"이라며 "단순한 것이 가장 아름답다"고 말했다.

춤을 어떻게 시작하게 됐습니까.

당시 저희 집이 중구 필동에 살았었는데, 당시 필동은 주택가이면서 명동과 가까워서 문화를 가까이 접할 수 있는 지역이었던 것 같아요. 거기에 김문숙 선생님과 같은 지금의 원로 선생님들의 무용연구소가 많이 모여 있었는데 어머니께서 송범, 주리 선생님이 함께 하시는 무용연구소에 저를 데려가셨어요. 그곳에서 발레를 처음으로 배웠죠. 한국무용은 한영숙 선생님께 배웠는데, 그분도 필동에 사셨어요. 지금 기억해보면 한영숙 선생님의 남편 분이 2층에서 아코디언 연주를 하시던 소리, 의상 제작자였던 주리 선생님의 남편이 제봉 박는 소리가 아련합니다. 그리고 계속 무용을 전공할 수 있었던 것은 진명여중으로의 진학이에요. 그때는 중학교에 가려면 시험을 봐야 했어요. E여중을 갈 수도 있었는데, 동네에 사는 언니가 달고 있는 백선(학교배지)이 너무 예뻐 진명으로 갔지요. 진명의 박용경 교장선생님은 무용반을 적극 지원해주셔서 학교에 무용 수업이 그때에도 개설되어 있었어요. 중3 당시 무용 전임교사였던 김정옥 선생님의

지도로 저희 무용부가 일본의 6개 도시 순회공연을 했어요. 그 당시는 외국여행을 상상할 수도 없던 때였는데, 특히 학생신분에서는요. 일본 NHK 방송에서 하는 「누가 나일까」라는 프로에 지도교사로 따라가신 선생님께서 출연하셨어요. 그 프로는 우리나라에서도 인기가 많았던 「진실게임」과 같이 어떤 사람이 진짜인지를 맞추는 프로였죠. 무용단 소개 후 4개의 작품을 공연하기도 하였습니다. 그런데 재미있었던 것은 토슈즈신고 발레 작품 하다가 다시 옷 갈아입고, 버선 신고 부채춤을 추었지요. 만능 무용수처럼요.(웃음)

　발레에서 현대무용으로 장르를 바꾸게 된 계기가 무엇입니까.

대학원생일 때 선화예고에 강의를 하러 갔습니다. 당시 에드리안 댈러스 선생이 발레를 가르쳤는데 좀 당황스러웠습니다. 저를 비롯해 각 대학, 대학원에서 발레를 전공한 사람들이 강사로 왔는데 댈러스 선생은 저희를 인정하지 않았습니다. 댈러스 선생님이 보시기에는 발레에 익숙한 또 다른 학생에 불과했어요. 그는 발레를 잘 할 수 있게 고관절이 턴아웃되고, 힙조인트가 올라가고, 아킬레스건이 잘 발달돼 있는 사람만이 할 수 있다고 말했어요. 중고등학교 때 특상을 받기도 하는 등 나름대로 한국에서 발레 엘리트로 통하는 저희들이 모두 틀렸다는 거예요. 댈러스가 진짜 무서웠거든요. 그는 사실상 '또 다른 학생반'을 만들어 저희를 가르쳤는데, 고함을 치는 것은 보통이고 스틱을 던지기도 하는 등 혹독하게 가르쳤습니다. 그 당시 저는 저의 선생님께 배웠던 것들이 틀렸음을 인정하기 싫었어요. 그런데 지금 생각해보면 황무지 같았던 우리나라에 새로운 예술을 들여오는 과정에서 놓칠 수 있는 부분이 있었던 것 같아요. 그런 의

미에서 댈러스 선생이 한국 발레 발전에 크게 기여한 인물인 것만은 틀림없습니다.

그래서 미국으로 유학을 간 것인가요? 당시 무용계에서 외국 유학, 특히 뉴욕 유학은 거의 생각하기 힘든 때이지요.

예, 그렇습니다. 그런데 제가 또 용기를 가진 것은 음악과 비교해보니 음악은 초등학교 시절같이 어릴 때 조기유학을 가는데 무용은 왜 그런 도전정신이 없나 해서 용기를 내 결심했습니다. 유학을 간다는 것이 경제적인 것도 문제였지만 당시는 유학시험도 봐야 하고 온종일 방공안전교육도 받는 등 지금같이 유학가기가 쉽지 않을 때여서 큰 용기와 노력이 필요했습니다.

뉴욕 유학시절에 현대무용으로 장르를 바꿨지요?

예. 당시 조프리 발레단, 마사 그레이엄, 앨빈 에일리 등이 왕성하게 활동하던 때이고 여기서 비정규 학생을 받아들였지요. 처음에 조프리 발레단에서 공부를 시작했는데 이미 연령대가 늦었더군요. 같이 공부하는 애들이 10대 후반, 20대 초반인데 저는 대학원까지 끝내고 가서 벌써 20대 후반인데다가 조그만 동양인인 저로서는 도저히 (발레로) 비전을 찾을 수 없었습니다. 주변에서도 발레리나의 길보다는 아카데믹한 공부를 해서 교육의 길을 가는 것이 좋을 것이라는 조언이 많았습니다. 그래서 콜럼비아 대학과 뉴욕대를 놓고 고민하다가 뉴욕대를 선택했습니다. 당시 지하철을 타는 게 제게는 공포였는데 다운타운에 있는 뉴욕대가 더 끌렸거든요. 하지만 뉴욕대는 발레기초훈련을 시키고 작품을 완성시켜주는 데가 아니었습니다. 학교 안에서 (기

← 〈보들레르의 여인들〉

존의 발레) 작품 발표 자체를 못하게 했습니다. 그 학교가 지향하는 방향은 테크닉의 훈련에 의해서 완성된 작품이 나오게 하는 방식이 아니었죠. 저 자신도 청년시절을 보내면서 스스로 저에게 강한 느낌으로 그러한 방식을 같이 하게 되었어요. 돌이켜 생각해보면 대학시절부터 그런 수 있는 요지들이 있었어요. 발레를 전공함에도, 고려대학교 연극 동아리 '프라이네 뷔네'에서 안무를 맡았었죠. 문학작품을 연극무대에 올리면서 움직임을 가지고 이야기를 만드는 경험을 했던 거예요. 그리고 미국 유학시절이 내 인생에서 없었으면 어땠을까 하는 생각이 들 정도로 소중한 기억들이 납니다. 유학 당시 이화여대에 무용과를 처음으로 개설하셨던 박외선 선생님이 오시기도 하셨어요. 뉴욕에 오신적이 있었어요. 생활인으로 만나는 박외선 선생님은 학교에서 선생과 제자로 만났을 때 보다 영혼이 자유스러운 분이라고 느꼈어요. 또 다른 차원의 자유의 소유자인 홍신자 선생님의 자연스러움이 저의 정신세계에 영향을 주신 것 같아요. 한번은 홍신자 선생님이 임신해서 저희 집에 들르셨는데 빨간 내복을 입고 있으셨어요. 배가 불러서 답답하셨는지 그 자리에서 가랑이 부분의 밑단을 가위로 자르시면서 이젠 편안하다 하시는 거였어요. 그 모습이 너무 편안하고 자연스럽게 보였던 것 같아요. 그러한 경험들이 자연스럽게 내제되어있던 저의 창작의지를 드러내면서 현대무용으로 발을 들여놓게 됐습니다.

<u>좀 무식한 질문이지만 현대무용이란 무엇이라고 생각합니까.</u>

말 그대로 '현재 하는 무용' 이지요. 한 마디로 말하기 어렵지만 시대를 읽으면서 하고자 하는 것을 발견하는 무용이라고 할까요. 시대의 등불로 시인을 많이 이야기하지요. 그래서 제가 시

를 좋아하기도 하는데 시대를 읽으며 미래의 희망을 말할 수 있는 춤, 그게 현대무용이 아닐까 합니다.

"시는 무용이요, 소설은 산보"라는 프랑스의 시인이며 예술평론가인 폴 발레리의 말이 생각납니다. 선생님이 현대무용에서 가장 중요시하는 것은 무엇입니까.

재미있는 것이에요. 재미있다는 것은 중요해요. 감각적인 재미, 깊은 재미가 모두가 다릅니다. 즐거운 감각이 주는 재미도 있지만 심각함에서 다른 차원의 깊은 재미도 있지요. 여기서의 재미는 예술이 줄 수 있는 또 다른 가치겠지요. 어떤 재미를 관객에게 줄 것인가는 작품에 따라 다르지요.

좀 추상적이고 애매합니다. 질문을 바꿔서 선생님이 보기 좋았던 현대무용 작품들로 어떤 것이었습니까.

수없이 많은 데 잘 떠오르지 않네요. 아비뇽에서 봤던 조셉 나주의 작품을 우선 꼽을 수 있겠네요. 일본과 합작한 작품으로 아비뇽 궁정극장에서 공연했지요. 영상과 성곽이 무겁게 조화를 이뤘고 움직임과 무대, 음악이 특수한 무대 안에서 멋지게 균형을 잡아냈습니다.

또 요즘 많은 사람들이 좋아하는 벨기에 작품이 피지컬 충격을 주며 좋은 움직임을 만들어내서 좋고, 샤샤 발츠, 빔 반데부스키, 알란 플란텔 등 쉬워 보이면서도 그렇게 만들기 힘든 작품들 있잖아요. 자유스러움이라고 할까요. 그런 작품들에 눈길이 갑니다. 그리고 저는 진정한 예술가들의 작품도 부럽지만 그들의 삶 자체가 작품으로 표현된 것이 부럽습니다.

삶 자체가 작품으로 표현된다는 게 잘 이해가 안 됩니다.

예를 들어 베토벤이 귀도 안 들리는 처절함 속에 걸작을 만들어
냈잖아요. 실제로 사랑을 잃는 고통 속에서 오페라가 만들어진
다든가 하는 그런 삶 자체가 예술이었던 그런 거장들의 환경이
부럽습니다. 삶 속에서 우러나오는 진정한 예술의 희열을 느끼
고 싶기 때문입니다. 물론 일반적인 생활에 익숙해진 지금의 저
로서는 불가능한 이야기이지만요. 이상이고 로망일 뿐이지만 그
런 진정한 예술이 탄생할 수 있는 삶, 열정이 부럽습니다.

현대무용의 본고장인 뉴욕에서 공부한 첫 세대인데, 뉴욕 무용의 특
징을 좀 말씀해주십시오.

한 마디로 말하기 어렵습니다. 너무 다양합니다. 또 보는 사람
에 따라, 하는 사람에 따라 다를 수밖에 없습니다. 테크닉이 마
사 그레이엄, 머스 커닝햄, 호세 리몽 등 본 고장에서 나온 것과
다른 곳에서 온 것들이 뒤섞여 있습니다. 안무가에 따라, 극장
시스템에 따라, 무용 스태프에 따라 다릅니다. 관객층도 다릅니
다. 말할 수 없이 다양한 것이 특징이라면 특징이라고 할 수 있
을 겁니다. 또 세계적으로 현대무용 관객층이 형성돼 있기 어려
운 것이 사실인데 그래도 뉴욕에는 상당한 공감대를 가진 관객
층이 존재한다는 것이 우리와 다른 것이라고 할 수 있습니다.

선생님 작업에서 가장 강하게 느껴지는 특징은 상징성이랄까, 어떤
이미지 작업입니다.

예, 기본적으로 작업을 하면서 상징성이 갖는 예술적 의미를 동작을 통해 구체화 시키려고 합니다. 움직임의 에너지를 통해 사랑이면 사랑, 증오면 증오, 고통이면 고통 등을 그려나갑니다. 그런 과정은 자연스럽게 사실적 표현보다는 주제가 주는 의미의 이미지를 무대화시키기 위해 끝없는 상상의 세계에서 방황을 하게 되지요. 그러다가 어느 순간 정리가 되는 시점이 오는 것 같아요. 특히 이러한 작업의 경우 가장 중요한 것은 무용수와의 교감입니다. 우선 무대에선 무용수들의 공감과 교감 없이 관객과의 소통은 불가능 합니다. 그래서 저는 무용수들의 앙상블, 호흡을 가장 중요하게 여깁니다.

상징성이라든지 이미지와 같이 작품의 중심이 되는 포인트와 움직임 외적인 문제, 예를 들어 무대, 음악 등은 어떻게 선택하십니까.

전문가의 선택을 존중합니다. 제가 음악을 듣다가 이 음악으로 공연 한 번 해보고 싶다하는 그런 동기를 받은 음악도 있습니다. 저는 하나를 생각하면 두세 가지를 하지 못합니다. 하나의 테마를 가지고 하나에 집중합니다. 조지 아르마니가 그랬지요. '심플 이즈 베스트', 단순함이 최고입니다. 물론 그 단순함 안에 버라이어티가 있어야 합니다. 지루하면 안 되겠지요.

선생님의 상징이 지향하는 궁극적인 목표는 무엇인가요.

모든 게 사랑으로 귀합된다고 생각합니다. 톨스토이가 예술의 완성은 사랑에 있다고 하지 않았나요. 예술의 궁극적 완성은 사랑이라고 생각합니다. 예술을 완성하는 그 안에는 민주적이고, 사랑이 풍만한 조건보다는 개인주의나, 집단주의, 독재적이

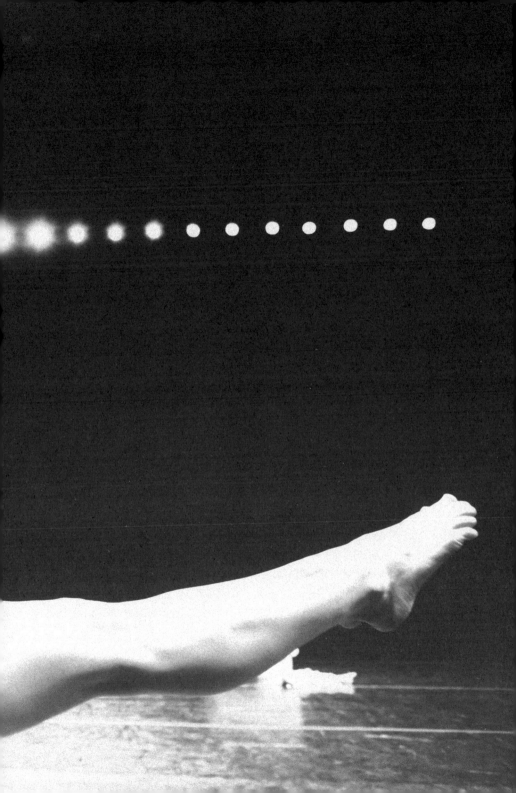

고, 아픔, 고통 등 모든 것이 겹쳐집니다. 하지만 결국 마지막
에 결과물로 나오는 것은 어떻게 보면 사랑을 지향하는 거 아
닐까요. 아픔을 통해, 고통을 통해, 좌절을 통해 결국 하고 싶
은 이야기는 사랑이라고 생각합니다. 그것이 어떤 종류의 사랑
이건 간에.

2008년 여러 가지 사랑의 유형에 대해 만든 작품이 〈도시천사〉지
요?

예. 여러 가지 사랑이 있습니다. 예를 들어 동성애도 하나의 사
랑이지요. 물론 저는 받아들이지 않지만 그런 사랑을 하는 사람
을 인정할 수는 있습니다. 서로 다른 사람들이 모여 살아야 하
는 인간사회에서 나와 다른 것을 인정하는 것은 중요합니다. 물
론 내가 싫은 것, 지향하는 것이 아니기 때문에 관대하기는 쉽
지 않지만 그렇게 하려고 노력하고 있습니다.

선생님은 대본을 직접 쓰는 것으로 알려져 있습니다. 그런데 최근
같은 학교 교수인 영화감독 변혁 교수에게 각본과 연출을 맡기고
있습니다.

이전의 저희 작업은 주제의 표현을 움직임 위주로 풀어가기 때
문에 전문적인 연출의 적극적인 개입이 필요하지 않았기 때문
이죠. 2009년 〈보들레르의 여인들〉을 작업하며 프랑스에서 공
부한 변혁 교수로부터 보들레르의 시와 영상에 대해 처음 자문
을 얻었습니다. 장르간 융복합을 통한 신개념 예술인 〈자유부인
2010〉을 하면서 각본과 연출로 본격적으로 협업을 했고, 진행
하고 있습니다. 자신의 전문성이 유지될 때 상대의 작업을 받아

→ 앞 페이지 〈도시천사〉

들일 수 있다고 봐요. 이렇게 연출과 같이 작업을 하면서 기본
적으로 생각했던 것은 뭘 잘 해보자가 아니라 뭔가 다른 걸 해
보자입니다. 그래서 시작 자체가 내가 여태까지 하던 것을 좀
더 잘 해보기 위해서 다른 요소가 들어 온다가 아니라, 다른 요
소와 충돌하고 조화하면서 전혀 다른 걸 해보자 그런 것에서 시
작을 했습니다.

> 1990년대부터 공연예술에서 영상은 필수가 된 것 같습니다. 그러나
> 우리나라의 경우에는 아직도 춤의 배경 정도로 여겨지는 것 같습니
> 다. 춤 뒤에 영상을 상영하며 이 정도가 영상이다 뭐 이런 식으로 했
> 던 게 대부분이었던 같아요. 어쩌면 또 춤추는 분들이 디지털과 아
> 날로그를 구분하면서 '춤의 정수는 아날로그'라며 영상의 영역을
> 애써 무시하는 경우도 없지 않았나 생각됩니다. 그런데 21세기 들
> 어서 영상기술이, 정말 3D가 대세일 정도로 텔레비전, 영상, 디지
> 털, 사이버 그런 게 현대무용의 흐름이 됐습니다. 미술에서는 이미
> 한 영역을 차지한 지 벌써 오래됐고 전체적으로 연극, 무용 심지어
> 클래식음악까지 영상이 들어가는 등 요새 영상 없이 공연예술이 만
> 들어질 수 없는 상황이 된 것 같기도 합니다. 이 같은 상황에서 좋은
> 작품을 만들기 위해서 영상에 대한 많은 연구와 함께 새로운 독창
> 성을 가미, 무대와 접목을 시켜야 만이 새로운 21세기형 작품이 나
> 오지 않을까 하는 생각도 듭니다. 그런데 아직도 거기에 대한 연구
> 는 우리 쪽에서 상당히 부족한 부분이 아닌가 생각됩니다. 이런 가
> 운데 최근 제가 보기에 한국공연에서 가장 춤과 영상이 잘 만난 작
> 품이 〈자유부인 2010〉으로 생각됩니다.

모든 움직임을 다 춤이라고 하지 않는 것과 같이 비디오로 틀어
지는 모든 것을 다 영상이라고 해서는 안 될 것 같아요. 그래서

그냥 영상과 무엇과의 만남 했을 때, 찍혀진 이미지를 기계적인 방법으로 투사가 되는 경우 물론 정의로써 영상이라고 말할 수 있지만, 다시 말해서 모든 움직임을 다 춤이라고 인정하기 어려운 부분과 마찬가지로 영상이 가지고 있는 언어 자체적인 그런 맥락에서 〈자유부인 2010〉은 처음부터 그런 자리를 만들고 시작했어요. 기술적으로는 단순한 것들을 사용했고, 그러나 기본적인 그것들이 가지고 있는 가능성을 잘 표현하고자 하는 데에 초점을 맞췄습니다.

결과에 대한 평가에 대해 좀 더 구체적으로 말씀해주십시오.

춤과 영상의 균형을 기본에 두고 시작한 작업이라, 영상이 너무 세기 때문에 춤이 할 일을 다 못했다든지 하는 그런 부분은 없었습니다. 그래서 어떤 부분에서 영상이 드라마틱하게 도와줬을 때 적당한 시기에 적당한 강도로 들어왔던 것 같고, 어떤 부분은 춤으로 얘기할 부분이 춤을 충분히 보여줄 수 있는 그런 조화가 있었어요. 저로서는 부분적 아쉬움은 있지만 처음 같이 시도했는데 그 부분들을 서로가 서로의 이야기를 하면서 공통적인 얘기로 끌어갈 수 있었다는 것에 대해서는 효과적인 작업이 아니었나 생각합니다.

아쉽게도 제가 보기에는 작품의 우수성에도 제대로 평가를 못 받은 면이 없지 않았나 싶어요. 공연이 연말에 한창 바쁠 때 너무 늦게 해서 그런지 의외로 춤계에서 많은 사람이 보지 못해 2010년을 결산하는 평가와 시상에서 손해를 많이 본 것 같습니다.

우연히도 그 시기에 무용 관련 전문가들이 외국에 나가 계신 분

〈자유부인 2010〉 →

들이 많았어요. 저는 춤계 쪽에서 많이 봐주시는 것도 중요하지만 이번에 특히 영상 쪽 사람들이 많이 와서 보셨고, 그래도 현대무용을 꼭 무용인들이 아닌 다른 분들이 보시면서 재미를 느끼고, '아, 춤이 이렇게 재미있구나!' 이런 평가를 많이 해주셔서 좋았어요. 전문인의 평가도 중요하지만 일반 관객들의 호응도 굉장히 중요한 역할이라고 생각하는데 다른 때는 아무리 일반인을 끌어들이려 해도 사실은 그런 경우가 힘들잖아요, 아시다시피. 그런데 이번에는 그런 일반관객들, 전혀 현대무용을 처음 보시는 분들, 내지는 같은 공연업계지만 춤계가 아닌 그런 쪽에서 많이 와주고 좋아해주셨습니다. 저는 그런 평가도 중요한 평가 중의 하나라고 생각합니다.

그래도 춤계의 평가가 아쉬워 2012년 예술의전당 오페라극장에서 다시 공연하시나요.

그런 측면이 분명 없지 않지요. 하지만 이 작업은 애초부터 정말 '상업적' 레퍼토리로 한번 만들어 보고 싶었습니다. 한국 현대무용도 그런 레퍼토리가 하나 쯤 있을 때가 되지 않았나 해서 무리하게 욕심을 내봤습니다.

선생님의 작업에서 영상과 춤의 대등한 결합은 처음인데 이번 작업의 의미가 무엇이라고 생각하십니까.

영상은 초점을 '이야기'에 두고 있잖아요. 그런데 이제 영상이 다른 작품에 들어왔을 때는 저희들이 몰라서가 아니고 영상으로 들어온다 생각하니까 2D(2차원 평면)라는 위치에서 끝이 났었는데, 이번에는 영상작업 할 분이 연출로 들어왔기 때문에 그것이 3D(3차원 입체)까지 가능했었던 것 같아요. 내 작품을 좀 더 확장, 정확히 말하면 표현의 확장을 위해서 들여온 영상이 아니고 같이 걸어가는 영상이었기 때문에 그런 것들이 결국 3D로 가게 되면서 다른 안무가들이 영상작업을 작품에 들여왔던 거와 다른 역할을 하지 않았나 생각합니다. 똑같은 2D지만 다른 무대와 달리 입체감 있게 무대전체를 끌어갈 수 있었던 것이 영상전문가가 연출로 들어왔기 때문에 가능했었던 것 같아요. 근데 그렇게 연출로 들어올 수 있었던 것도 사실은 연출하시는 분이 만일 움직임을 모른다거나 입체무대가 뭔지 만약에 인식이 없었다면 그런 역할을 다 못했을 겁니다.

현대무용과 영상의 이상적인 협업의 결과라고 말씀하시는 것 같은데 1997년 프랑스 아비뇽연극제 예술감독 장 르페브르-다르시에가 방한, 한국공연을 보고 말한 것이 떠오릅니다. 그는 '한국 공연예술이 세계 예술가의 영감의 원천이 될 만한 원천을 많이 갖고 있는데 이렇게 싸구려로 할 수가 있느냐' 면서 우리 스텝들, 연출가들, 조명하는 사람들, 안무가들이 작품들을 모두 '포푸리' pot-pourri 즉, '시들고 말라버린 꽃', '잡탕'으로 만들었다고 신랄하게 비판하더라고요. 물론 그때 통역하는 사람이 정확히 번역을 하지 않더군요. 그때 르페브르 다르시에가 구체적으로 지적했던 게 뭐였느냐 하면 왜 자꾸 조명이 무용수들을 따라만 가느냐? 하이라이트 조명을 아직도 켜고 있느냐? 이게 바로 50~60년대식 유랑극단 조명 아니냐, 지금은 빛의 구조물을 세워놓고 댄서들이, 배우들이 움직여 간다고 했어요. 빛의 무대가 서 있고 그 사이에서 등장인물이 움직여야 한다. 저는 현대 공연예술에서 이것이 굉장히 중요한 포인트라고 봤습니다.

영상도 마찬가지로 대등하게 예술적으로 들어와 있고 그 안에서 춤의 동선이 만들어지고. 조명도 마찬가지고요. 그런 식으로 그게 마치 서로 그냥 자연스럽게 끼어들어가 놀듯이, '이제 나 들어간다' 하고 들어가는 게 아니라 그냥 자기 기분으로 들어와서 놀고 나가며 춤추고, 연주하고 빠져나가는 그런 식으로 자연스러운 협업과정이 없지 않았나 싶습니다. 좀 더 쉽게 말하자면 대부분의 작품들이 '너는 이거를 해서 배경을 깔아야 돼' 하는 식으로 한 쪽으로 쏠려 가지 않았나 하는 겁니다. 그런데 이번 작업을 보면서는 춤과 영상이 서로가 서로를 인정하면서 정말 1 더하기 1이 2이상의 시너지 효과를 냈다고 생각합니다. 언제부터 이 같은 협업을 구상했습니까.

언제 딱 시작했다 이렇게 얘기하긴 좀 힘든데, 유럽에서 공부를 하신 분들은 대체로 미국에서 공부하신 분들보다 신체에 대한 연구가 같이 이루어지고 있는 것 같아요. 연출자인 변혁 교수와 다양한 공연을 될 수 있는 대로 많이 봤어요. 공연이 끝나고 얘기를 했을 때 공감하는 부분이 많았고, 그래서 아 작업을 해도 서로 어떤 자기 것을 얘기하면서 하나의 것을 만들 수 있겠다 하는 정확한 믿음이 있어서 시작했습니다. 시작은 물론 작업을 하는 과정에서 서로 자기 이야기를 하다가 갈등도 있을 수 있고, 서로 양보해야 되는 부분도 있을 수 있는 데, 그런 부분조차도 무리없이 자연스럽게 이루어졌습니다.

〈자유부인 2010〉 마지막 부분에 라벨의 피아노 음악이 나올 때 거대한 구조물의 영상과 춤을 맞추기 힘들었거든요. 그래서 리허설 할 때 다 뺐어요. 무대세트까지 다 빼면서 완전히 춤으로 가자고 했지요. 무대 구조물이 워낙 큰데다가 사선으로 움직일 수 있도록 오랜 시간 공들여 만들었는데 무대 위에서 '아 이게 아니다' 라는 느낌이 왔을 때 서로가 서로의 것을 주장하지 않았습니다. '이건 이렇게 가야 된다' 했을 때 완전히 구조물 다 빼고 영상작업 해놨던 것 다 포기한 거지요. 그래서 마지막 '조용한 아침' 부분이 완전히 춤으로만 갈 수 있었던 겁니다. 그렇게 과감히 버리는 그런 부분들이 있었습니다. 그런 것들은 서로 감각이 맞거나 아니면 '아 이것이 하나가 되어야 한다' 는 그런 부분에 대해서는 정확하게 자기 의견을 가지고 있었으면서 그것이 같이 맞춰진 것 같아요. 그래서 그런 협업작업이 이뤄질 수 있었던 것은 시작 때부터 어떤 맥이 있었고 끝날 때까지 그 맥을 잃지 않고 간 것이 작품에 반영됐고, 사람들이 보고 좋아해 준 것 같아요.

지금까지 평가와 협업 등 장점을 중심으로 이야기를 나눠봤는데 이제 반성도 있음직합니다.

반성이라기보다는 아쉬움이라는 게 더 적절할 것 같은 데 무용공연이 한 번 하고 다시 올리기 어렵다는 점인 것 같아요. 특히 이런 작업은 제작비가 많이 들기 때문에 더욱 그렇습니다. 순수예술이라고 결코 작은 숫자의 관객을 놓고 할 필요는 없습니다. 순수가 대중을 가질 때 문화가 갖는 가치, 예술이 갖는 가치가 올라가는 건데 그런 부분들은 해결을 하고 가야 한다고 생각합니다. 우리가 순수하니까 소모적이라도 정신적 가치만 주면 된다고 고집을 부리면 경쟁사회에서 도태될 수 있는 그런 위험성이 있습니다. 이번 공연은 그런 문제들을 해결하고 가야겠다는 자극을 받은 작업이었습니다.

그런 의미에서 이번 공연에서 '재미' 라는 것이 중요한 아이템이었

던 것 같아요. 안무가와 연출가 두 사람이 모두 순수하게 '예술'이 라는 좀 애매한 목적이 아니라, 공연이나 영상은 직접적으로 관객 을 통해서 완성이 된다, 그 부분에 대한 공감대가 있었기에 가능했 던 것 같습니다.

사실 영화는 대중예술이잖아요. 그 안에 물론 예술성이 다 있 는 거지만 대중한테 가장 가까이 갈 수 있는 매체라고 저는 생 각을 하거든요. 그래서 연출이 영상, 대중예술을 하는 그런 작 업으로 들어오며 공연자체가 대중화되기 위해서 격을 떨어뜨린 다거나 수준을 대중에 맞춰서는 안 된다고 생각합니다. 대중이 느낄 수 있는 것까지는 가지고 가야 되지만, 대중이 볼 수 있는 것 그런 것을 해야 된다고 생각했어요. 대중성은 있어야하겠지 만. 예술적인 그런 부분들을 결코 놓쳐서는 안 된다 하는 것이 이번 협업의 가장 중요한 부분 중의 하나였던 것 같아요. 그래 서 그런지 아무도 이 작품이 저급하다 내지는 너무 대중적이다 그런 얘기들은 안 하는 것 같아요. 작품 안에 나름대로 순수예 술이 가지는 격이 있으면서 대중에게 가까이 갔다 … 자화자찬 을 굳이 하자면 안무의 어떤 부분보다는 작품 전체를 봤을 때 대 중화시키지 않아도 대중에게 다가갔다. 그것이 저는 이번 작업 에서 가장 큰 보람을 느꼈다고 할까, 가치를 두었다고 할 수 있 는 부분일 것 같아요.

현대무용에서 중요한 것 중의 하나가 '재미'라고 말씀하셨는데 이 작품에서 춤의 재미는 무엇일까요?

저는 다른 때 작업할 때도 그런데, 춤이 동작이 동작을 만들어 가서 마치 얘기를 하다가 쉼표 하나 있고 물음표 하나 있고 하

→ 앞 페이지 〈도시천사〉

듯이 그런 식으로 자연스럽게 움직임이 진행되는 것을 좋아합니다. 항상 움직임을 만들 때 특별한 케이스를 빼놓고 저는 그런 식으로 계속 만들거든요. 그래서 어떤, 각본에서 나와 있는 그 주제에, 사실 그 주제를 전달하기는 하지만 전달하는 방식은 또 다른 방식으로 발전시켜주는 것에 초점을 맞추어서 동작을 구상합니다.

그런 식의 움직임, 무용수간의 대화가 전체적인 대화 안에서 같이 가면서 또 따로 나오기도 하면서 같이 가게 합니다. 즉 전체적인 주제나 줄거리를 잊지 않지만 그것들이 들락날락하면서 악센트가 있는 그런 움직임을 만들려고 노력했어요. 저는 보통 무용수간에 신체적으로 말하는 이야기들, 그것이 어떻게 보면 소통이고 그것이 움직임이 주는 얘기, 작품을 통해서 주는 그것을 중요하게 생각합니다.

　　재미가 나와서 하는 말인데 춤 작품에서 춤의 재미라고 하면 무엇이라고 할 수 있을까요?

저는 그것이 생명력이라고 봐요. 왜냐하면 살아있는 것이 무대에서 움직이는 춤의 가장 큰 특징이라고 보기 때문입니다. 사실 무용이 다른, 특히 현대춤이 관객과 소통이 안 된다, 이해하기 힘들다, 쟤네 무슨 얘기하는 거니, 춤 잘 추는 사람은 점점 더 많아지는 거지, 이런 식으로 간단하게 표현할 수 있지만 사실 버릴 수 없는 매력은 살아있는 게 움직인다는 것 같아요. 살아있는 게 움직이는데, 움직일 때 자기 에너지가 나온다는 거죠. 또 그 에너지를 관객이 느끼는 것이고. 그렇기 때문에 아무리 한두 명이 남는다고 해도 그것은 영원히 갈 것이라는 믿음, 확신 그것이 무용이 가지는 가장 큰 매력적인 가치라고 생각합니다.

오페라의 경우 대부분 단순하고 유치하고 빤한 그런 드라마를 갖고 있지만 그것을 노래로 만들었는데, 그 노래만 들으면 괜히 울컥하는 게 있습니다. 그게 오페라의 매력입니다. 그래서 나이 들수록 오페라에 빠져 들어가는 사람들이 많다는 얘기도 나옵니다. 그게 음악이 주는 재미라고 생각합니다. 그런데 춤이 움직임의 생명력만을 강조하기 때문에 드라마가 약해지고 또 드라마가 현대춤에서 자꾸 빠져나가는 이유가 되지 않나 하는 생각도 듭니다. 그런데 우리나라 대중들, 우리나라 관객들은 특히 드라마를 좋아하는 것으로 이미 공연기획자들 사이에 알려진 비밀이기도 합니다. 드라마가 없는 논버벌 퍼포먼스 〈스텀프〉를 벤치마킹해 드라마를 가미한 〈난타〉가 세계적으로 성공한 이유도 바로 여기에 있습니다.

드라마를 대사 없이 움직임만 가지고 만드는 데는 위험성이 있어요. 사실은 자칫 유치해질 수 있거든요. 그래서 그런 부분들을 두려워하기 때문에 차라리 유치한 것을 하느니 심오한 것을 하겠다는 선택에 의해서 줄거리 없이 내러티브 없이 춤을 만들고 있습니다.

현대춤이 대중과 유리되는 문제점 중 하나가 바로 그런 모호성에 있지 않나 생각합니다. 그래서 심지어 춤을 보는 너도 모르고, 춤을 추는 나도 모르는, 그런 비아냥거림도 나오지 않나요.

죽음을 이야기하고 삶을 이야기하지 왜 살고 왜 죽는지 이야기 않거든요. 이번 작품 같은 경우는 그런 것이 굉장히 단순하게 들어오면서도 영화가 가질 수 있는 텍스트가 들어오고 춤이 들

〈도시천사〉 →

어가고 그것이 잘 맞아서 조화롭게 이끌어져갔기 때문에 여기서 드라마가 있어서 더 좋았다는 얘기를 할 수 있는 부분이 그런 것이었어요.

그것이 소통의 필요성이 아닌가 생각합니다. 소통하면 움직임이 더 쉽게 들어오고 좀 더 열정적으로 생명력이 바로바로 객석에 전해지지 않을까요.

단순한 각본인데도 우리들 얘기기 때문에 바로 다가왔다는 것, 그래서 그런 드라마가 더 살 수 있었던 것 같아요. 드라마가 잘못 들어오면 사실 굉장히 위험한 부분 중에 하나가 되거든요.

심오하다는 표현이 정말 순수예술에서 항상 있어왔던 것인데요. 심오하고 움직임 자체의 미만 보여주는 것이 잘 되면 굉장히 좋은 것인데 정말 어려운 것이지요. 또 한 가지는 관객들이 그것을 읽어내기에 굉장히 많은 학습훈련이 필요한 거죠. 그러다보니 사실은 훌륭한 움직임과 심오함에도 불구하고 자칫 우리가 놓치면 지루한 경우도 생기는데 이번 작업에서는 최소한의 드라마에 기댄 부분들 때문에 자꾸 그런 의미를 직접적으로 옮기는 안무가 아님에도 불구하고 관객들은 그것을 따라가는 재미를 찾았던 것 같아요. 다시 말해 관객이 무용의 흐름과 같이 호흡하고 있다는 느낌이 있는 거죠. 관객들이 같은 세계를 공유한다고나 할까. 이런 의미에서 '아 그래서 저걸 하는구나'를 읽어내니까 그게 즐거움으로 볼 수 있는 부분이 됩니다. 그래서 아까 오페라의 드라마처럼 그것이 나쁜 게 아니라 결과적으로 끝내는 그냥 어떤 예술장르들마다 통일된 공통의 어떤 것들이 있을 것 같아요. 그런 것들의 맥락에서 이 작품에서 드라마가 조금 있는 것은 도움이 됐던 것 같아요.

이 작품이 복고주의도 있지만 이그조티시즘 Exoticism 이라고 할까, 이
국적인 부분이 상당히 거기 많이 들어가 있어요. 샹송이 역할을 많
이 했고, 그 다음에 프랑스적인 것과 파리적인 것과 미국적인 것, 그
리고 뉴욕적인 것이 재미있게 만났다는 생각이 들거든요. 제가 생각
하는 뉴욕적인 것은 단순하고 도발적인 그런 것이고, 프랑스적이라
고 하면 조금 수다스럽고 명쾌한 논리를 주장 하는 그런 겁니다. 말
이 좀 많은 분명한 명쾌함과 단순한 미니멀리즘과 분석주의가 재미
있게 만난 게 이 작품의 본령이 아닌가 생각이 들기도 했습니다.

이번 공연에 대한 가장 좋게 해주신 평가 중에 하나인 거 같네요.

나쁜 평가는 없었나요?

나쁜 평가는 없었습니다. 관객이 신세대부터 나이 드신 분까지
다 있었어요. 복고주의라고 했는데, 어떻게 보면 신세대들은 공
감을 못할 수도 있었는데, 이번 작품에서는 나이 드신 분들은
자기 얘기하는 것 같고, 자기 때의 정서가 살아있어서 좋아하
고, 신세대들은 우리가 지나온 시대가 아닌데 저렇게 재미있었
던 어떤 생활이 있었구나 하는데서 너무 좋아해주는 거예요. 그
것이 복고주의가 잘 맞춰서 들어오지 않았나, 양 세대를 아우를
수 있도록 센스 있게 들어왔던 것 같아요.

복고주의를 촌스럽지 않게 세련되게. 뉴욕적이고 파리스타일로 재
미있게 푼 것 같아요. 이 작품을 집에서 다시 한 번 DVD를 통해 봤
는데 사실 춤공연은 보통 DVD를 보면 보기 힘든 게 사실입니다.

무대의 에너지가 평면의 영상에 갇혀 버리면 금방 지루해지잖아요. 그런데 함께 보던 친구도 재미있어 할 정도로 춤과 영상, 스토리가 잘 짜였더군요. 이 작품을 보면서 정말 우리가 영상으로 고민을 많이 해야 한다고 생각이 들었습니다.

또 하나가 춤에 대한 영상기록물이 너무 형편없는 것도 문제입니다. 예를 들어서 제가 1998~99년 파리에서 공부하면서 같은 반에 친구가 한 명 있었는데 이 친구가 2000년에 열리는 〈사이프러스 밀레니엄 축제〉에 예술감독으로 임명됐더라고요. 그래서 그 친구한테 '한국의 춤도 좀 갖다가 무대에 올려라' 했더니 비디오를 보내보라고 하더라고요. 그래서 제가 파리에서 서울로 전화해서 비디오와 DVD 20개 정도 구해 제 아파트에 불러다놓고 보여줬어요. 그런데 이 친구가 다섯 개를 채 못 보더라고요. 도무지 지루해서 못 보겠다는 겁니다. 사실 카메라 하나놓고 찍으니까 어쩔 수 없을 겁니다. 잘 아는 방송국 PD에게 춤을 제대로 찍으려면 어떻게 해야 하냐고 물었더니 최소 카메라가 세 대는 있어야하고 라이브 중계차가 들어와 있어서 감각이 있는 PD가 연출자로 버튼 잡고 카메라 세 개가 돌아가는 걸 계속 지시하면서 자신의 감각대로 눌러가지고 제작해야한대요. 나중에 사후편집을 해서는 현장 감각이 살아나지 않기 때문에 제대로 된 비디오를 만들기 어렵다는 거죠. 그렇게 하면 돈이 얼마나 드느냐고 물었더니 그 당시(1999년) 원가로 한 900만~1000만 원 든다는 겁니다. 춤계 전체에서 독점계약 한다면 원가를 700만원까지 줄일 수 있겠다고 하더군요. 그런데 당시 우리 춤계 현장에서 비디오 찍는 데 얼마나 드느냐고 물었더니 30만~50만 원이라고 하더군요. 도저히 비교할 수 없는 금액이어서 말도 꺼내지 못했습니다.

저희가 그렇게 열악한 환경에서 작업하고 있습니다.

무식한 질문을 하나 더 해보겠습니다. 모든 움직임이 춤이 아니듯이 모든 영상이 영상이 아니다, 라고 했을 때 과연 지금 공연 속에서 아니면 공연을 떠나서라도 어떤 것이 영상일까요? 공연 속에서 최소한 이런 영상이 되어야한다, 이것이 영상이다 하는 것이 무엇이겠습니까.

동작이건 영상이건 다 안에 들어와야 한다는 의미에서 같아요. 모든 동작이 동작이 아니다라고 얘기하는 것은 사실 무대 안에서 밥도 먹을 수 있고 다 할 수 있죠, 모든 것이 다 춤의 부분이 될 수 있다고 주장하는 사람들도 있고요. 하지만 그것이 어떻게 작품 안에 들어왔느냐가 중요한 것이라는 것이죠. 그것 자체가 의미가 있느냐, 의지가 있느냐 그렇게 볼 수 있겠는데요. 보는 사람에 의해 해석이 어떻게 되든 간에 만드는 사람이 어떤 의미를 가지고, 의지를 가지고 한 것이냐 아니냐는 거지요.

21세기 공연에서 '최소한 이 정도는 되어야 영상이라고 할 수가 있다'면 '최소한 이 정도는 되어야 움직임이라고 할 수 있다' 라는 설명도 가능할 것 같은데요.

그것은 정도의 문제가 아니고, 그 안에서 어떻게 녹아났느냐, 그것이 아무리 좋은 영상이라도 작품 안에서 역할을 못했다면 영상이 아니라고 생각합니다. 똑같은 영상이라도 이 안에서 어떤 역할, 어떤 의미를 가지고, 어떻게 존재했느냐 안무와 마찬가지로 그런 의미를 보는 거라고 봐요. 움직임을 저도 그런 의미로 보거든요. 집에서 엄마가 밥하는 것은 굉장히 맛있어도 그것을 예술이라고 하지 않잖아요. 물론 '엄마가 만든 된장찌개는

예술' 이라고 하는 말은 있지만 이때 예술은 최상급의 수식어지요. '맛이 예술이야' 라고 말해도 진짜 예술은 아니잖아요. 그만큼 감동이 있다는 거죠. 그런데 감동을 줘야하는데 어떤 의미에서건 간에. 그것이 무대에서 자유부인이 남편을 위해서 자식을 위해서 (된장국을) 끓인다, 그건 이미 움직임이고 춤인 것이죠. 움직임에 있어서도 사실 무용수들이 테크닉이 좋다고 해서 그 안에서 역할을 하는 것은 아니거든요. 그 안에서 에너지가 나와야할 때 그 필요한 에너지가 과연 나오느냐가 문제지 그 사람이 하이킥을 잘해서, 점프를 잘해서, 턴을 잘해서 그런 것은 더 이상 아무 의미가 없는 거지요. 정통적인 예술에서는 그걸로 얘기하려는 것이 아니기 때문입니다. 그래서 그 안에서의 역할을 과연 하고 있느냐, 영상 같은 경우에는 조건이 안 되어서, 여건이 안 되어서 여기까지 한 부분들이 많잖아요. 우리가 이제 거기에서 머물러서는 안 된다는 의미의 움직임도 그렇고, 어떤 때는 제 춤을 보고 그런 말을 하는 경우가 있었어요, 무용 처음 배우는 학생들이 '왜 이 무용단은 킥을 안 해', '왜 데블로페 안 해?' 라고요. 다리를 많이 들고 써야만 무용인줄 아는 초보단계에서 하는 '왜 뱅글뱅글 안돌아' 는 중요하지 않다고 보거든요. 또 이미 됐어도 보여줄 필요는 없는 겁니다.

  변혁 선생과 새롭게 같이 한 작업인 〈윤이상을 만나다〉는 〈자유부인 2010〉과 좀 다른 것 같습니다.

〈자유부인 2010〉이 드라마가 있는 무용극이라면 〈윤이상〉은 현실이 존재하는 다큐멘터리로 사실적이고 현실적입니다. 〈자유부인〉이 영화장면을 따오고 또 한 장면을 압축하는 단어의 연상작용을 통해 풀어갔다면 〈윤이상〉은 음악과 관련된 부분들을

← 마젠타스튜디오에서 〈자유부인2010〉 촬영 중 변혁 감독과 함께

라디오와 영상 인터뷰 등 윤이상에 대한 뉴스, 발표, 인터뷰를 작품을 연결하는 브리지로 풀어갔습니다. 〈자유부인〉이 통속적인 그런 것을 공연예술로 옮겼다면 〈윤이상〉은 그를 예술로 세상에 알려 보자 하는 생각이 더 컸습니다. 윤이상은 세계가 하나라는 그런 생각을 갖고 있었는데 당시 우리나라가 이념적 대립이 있던 시절이어서 그의 음악이 대중에게 알려지지 않은 점이 있습니다. 또 그의 음악이 현대음악이어서 대중에게 알려지기 쉽지 않은 부분이 있는 것도 사실입니다. 무용을 통해서 윤이상을 만나면서 조금은 그 음악이 편해질 수 있게 하는 역할을 할 수 있을 것이라고 생각합니다. 또 너무 거창한 이야기가 될지 모르지만 통일문제도 한 번 새롭게 이야기 하고 싶은 부분도 있습니다. 지금까지 정치 경제 등 다양한 통일 논의와 구상이 진행되고 있지만 서로 양보하기 힘든 지점이 있어 난관을 겪고 있습니다. 이 시기에 문화적으로 하나가 되는 시점을 마련해 보고자 하는 시도들이 있는데 남북을 아우를 수 있는 사람의 예술을 표현하면서 조그마한 물꼬를 틀 수 있으면 좋겠다는 생각도 해봤습니다.

유학을 마치고 귀국, 한국에서 현대무용 작업을 해온 지 올해 (2011년)로 17년쯤 된 것 같습니다. 그동안 작품의 변화를 되돌아 본다면 가장 큰 변화가 어떤 것이라고 생각하십니까.

최근 몇 년 동안에 주제 선정이나 안무 형식에 변화가 있었어요. 초기의 주제들은 현실적인 삶의 문제를 갖고 있는 주제 보다는 애정, 불안 등 인간의 일반적인 감정의 순수 추상이었다 한다면 지금은 사회전반에 걸쳐 있는 안전 불감증, 테러, 가정 문제 등 현실적인 문제에 관해 소통하려고 합니다. 일반적인 일의 문제를 특별하게 다루어야 하는 어려움이 있는 시도이기 때문에 또 다른 자극이 되는 새로운 도전입니다. 그러나 새로운 도전에서 나오는 또 다른 에너지가 창작을 향한 활력소가 되는 것 같아 좋아요.

윤이상 프로젝트 이후 앞으로의 계획은 어떻습니까.

우선 2012년 예술의 전당 오페라하우스에서 공연하는 〈자유부인〉입니다. 순수공연의 상업화를 위해 기획자가 필수적인 것 같습니다. 전문기획자도 없이 예술의 전당 오페라극장에 들어가 3회 공연 2000석씩 6000석을 채우는 것은 어려움이 많겠죠. 오페라 하우스에서 하는 현대무용 공연은 얀 파브르 이후 처음인 것 같아요.

우선 오페라극장에서 공연한 파브르의 공연을 다시 봐야겠습니다. 그 큰 무대를 어떻게 활용했는지 많은 참고가 될 것 같아요. 경험이 많은 전문기획자나 무대에 대한 전략적인 분석 없이 그냥 오페라극장에 들어가는 것은 정말 시쳇말로 '맨땅에 헤딩하기'와 다를 바 없거든요. 공연이 있는 3월 초에는 매년 열리는 '여성의 날'이 있어요. 그 주간과 맞물려 여성문제를 공연예술을 통해서 부각시키는 것도 이 공연의 역할인 것 같아요. 같은 주제를 가지고 있는 타 장르의 기획 공연과 함께 시너지 효과를 내는 것도 기획해보고 있습니다.

그리고 윤이상 프로젝트를 연작으로 계속 연구할 계획입니다. 지금은 '상처받은 용' 윤이상에 빠져 있어요. 제가 원래 한 가지에 몰두하면 다른 것들을 생각할 여유가 잘 안 생기거든요.

씻김 이천오

2005년 1월 27~28일 예술의전당 토월극장

지금 한국사회, 나아가 세계에서 벌어지고 있는 참혹한 죽음들
에 대한 씻김굿이다. 사회의 안전망 부재 속에 출구 없이 죽어
가는 가족들, 사고로 어이없이 숨진 어린 영혼들, 미국과 이슬
람 근본주의 세력과의 갈등의 와중에 잔혹하게 살해된 김선일
등의 죽음에 미세한 현미경을 들이 댄 몸의 레퀴엠이다. 하지
만 결코 무겁지만은 않았다. 경쾌한 명랑과 묵직한 죽음을 명
료한 이미지로 미학적으로 깎아내 삶의 기쁨과 죽음의 비장미
를 극대화시켰다.

이 작품은 네 부분으로 구성됐다. 첫 장은 〈자살, 막다른 길에
서〉다. 아버지는 실직하고, 어머니가 날품팔이로 가족을 부양
하고 있다. 눈먼 딸의 애환과 철없는 문제아들의 대비가 신랄
하다. 사건사고를 보도하는 라디오 뉴스를 배경음악 삼아 추는
철부지 형제의 랩과 힙합춤이 부모와 눈먼 딸의 고통과 대비돼
안타까움을 준다. 김봉순이 춘 눈먼 소녀의 춤이 가슴이 아리게
투명하고, 좌절한 아버지를 그린 윤석태의 춤이 격렬하다. 단

순한 스토리가 간결한 표현과 맞물려 만들어내는 강력한 이미
지로 인상적이다.

두 번째 장 〈참사, 남겨진 삶은 어디로 가는가〉는 성수대교 붕
괴사건이 소재다. 꽃 같은 소녀들의 청초한 춤이 즐겁지만 이내
죽음의 사자들의 춤이 끼어들고 냉혹한 힘의 이미지에 소녀들의
가녀린 영혼이 휩쓸려 버린다. 의자와 비닐 랩을 이용해 만들어
낸 익사의 이미지가 처절하게 아름다웠다.

세 번째 장 〈참수, 날 선 칼보다 마음속의 칼〉은 참혹하게 목이
잘려 숨진 김선일의 이야기다. 박나훈은 김선일의 불안과 번민,
죽음에 대한 공포를 특유의 아크로바틱하고 속도감 있는 춤사위
를 바탕으로 넘치지 않게 풀어냈다.

마지막 장 〈씻김, 그대 이제 잠드소서〉는 이들 무고하게 숨진
아픈 영혼들에 대한 위로와 씻김이다. 여성 무용수를 새처럼 남
성 무용수의 어깨 위에 세운 솟대의 이미지가 구원과 희망으로
따뜻하게 다가온다. 무거운 주제를 편하면서도 단순, 명료한 이
미지로 강하게 전달했다.

블랭킷 앤드 볼
Blanket & Ball

2007년 1월25~26일 아르코예술극장 대극장

화학용어에 산화酸化와 환원還元이라는 말이 있다. 어떤 원자, 분자, 이온 따위가 전자를 잃고 산소와 결합하거나 수소를 잃는 일, 또는 불에 타거나 녹이 슬거나 알코올이 알데히드로 변하는 반응을 산화라 한다. 거꾸로 산화물에서 산소가 빠지거나 산화물이 수소와 화합하는 그런 변화, 원자, 분자, 이온 따위가 전자를 얻는 변화가 환원이다. 이 자연과학 용어인 산화와 환원은 인문사회학 부분에 차용되면서 의미의 외연과 내포가 좀 달라진다. 산화는 녹 쓸고 부패하고 나빠지는 것, 환원은 나쁘게 된 요소들을 제거, 본래의 모습을 회복하는 의미로 사용된다. 다시 말해 산화는 질의 변화 없이 양이 확대되는 산화敤化, 속칭 물타기로 부정적인 느낌으로 사용되는 반면 환원은 거품을 제거, 엑기스만을 농축한 정화精華라는 긍정적 느낌으로 대치된다.

정의숙과 그의 제자 김봉순이 공동 안무한 이 작품은 산화와 환원의 느낌이 난다.

〈블랭킷 앤드 볼〉은 2006년 4월14~15일 서강대 메리홀에서 김봉숙의 안무로 공연된 〈하루〉에서 공을 갖고 추는 춤을 빼서 정의숙이 안무한 담요의 춤을 덧붙였다. 제자의 대작의 일부에 스승의 아이디어를 더해 깔끔한 소품을 만들어낸 환원적 작품이다. 중소극장에서 중대극장으로 무대가 바뀌었지만, 움직임을 역동적으로 더하고 깎아내 미학적으로 더욱 탄탄한 작품으로 새로 태어났다.

〈하루〉가 '하루'의 사랑을 위해 1년을 기다리는 견우와 직녀의 사랑을 형상화했다면 이 작품은 그 하루 가운데 담요와 공을 갖고 노는 한 순간을 투명하게 잡아낸 것이다.

〈하루〉는 오랜 기다림 끝에 조심스럽게 사랑을 불태우는 남녀의 모습을 사실적인 단아한 몸짓으로 그려냈다. 김봉순 특유의 투명하고 아름다운 연극적 서사가 잘 담겨 있는 작품이다. 이 작품에서 특히 공을 이용한 사랑의 모습은 유쾌한 재미와 묘한 관능을 경험하게 했다. 바람을 빼면서 한 단락의 마무리를 지었던 진하지만, 결코 부담스럽지 않은 즐거운 러브신이 인상적이다.

이 작품은 그 바람 빠지기 전의 공놀이에 담요를 하나 더 깔았다. 여기서 담요는 스포츠, 요가의 느낌이다. 그리고 탱탱한 공과 어울려 건강한 관능의 느낌으로 증폭됐다.

조명으로 더해지는 무대도 모던하고 재미있었다. 작품의 느낌이

세련되게 강화되는, 모처럼 보는 감각적인 무대연출이다.

놀이에서 운동으로, 아크로바틱한 테크닉에서 칸딘스키 그림을 보듯 잘 분할, 구성된 움직임으로 짜인 무대는 긴장미를 한껏 확대했다. 단정하면서도 속도감 넘치는 앙상블은 장편의 내러티브를 단편의 정화로 제대로 압축, 새로운 작품으로 변화시켰다. 서로의 개성과 느낌이 잘 어울린 스승과 제자의 협업으로 생각된다. 다소 감정의 과잉이 보였던 〈하루〉의 풍경화가 담요에 잘 펴져, 탄력 있는 공으로 제대로 응축됐다.

춤추는 브루클린 브리지

2007년 8월10~11일 미국 브루클린 존 라이언 시어터

미국 뉴욕 맨해튼 남쪽 끝 다운타운에서 브루클린 다리를 건너자마자 왼쪽에 있는 극장이 존 라이언 시어터다. 한국 무용가 김영순의 뉴욕 진출 30년의 성과다. 무대 가운데 기둥이 두 개 턱하니 놓여있고 객석 50여 석의 작은 소극장이지만 브루클린 최고의 축제인 덤보^{DUMBO}축제에 참여하는 당당한 예술극장이다. 덤보축제는 무슨 '코끼리 축제'로 오해할 수도 있으나 Down Under the Manhatan Bridge Overpass(맨해튼 다리 건너 아래)라는 멋진 조어가 된다.

덤보축제는 맨해튼 다리와 브루클린 다리 사이 브루클린 해안가에 있다. 맨해튼 다리보다는 브루클린 다리가 더 가깝다. 왼쪽으로 낮은 빌딩 사이로 고색창연한 브루클린 브리지가 그 우아한 사장^{斜張}을 골목길만큼 보여주고, 건너편으로 바다로 부르기에는 좁은 강 같은 푸른 물 너머 '하늘을 문지르는' 마천루^摩

天樓의 숲 맨해튼이 비인간적으로 서 있다.

극장 앞에서 보는 브루클린 다리는 부자들만이 사는 천국으로 가는 다리처럼 보인다. 한 쪽은 정치, 경제, 문화 등 세계의 중심이고, 한 쪽은 아직 개발을 기다리는 한산한 '촌 도시'다. 번잡한 맨해튼의 카페와 달리 멕시코나 남미풍이 느껴지는 한가한 느낌도 너무 다르다. 뮤지컬 〈토요일 밤의 열기〉에서 소년들이 그렇게 건너고 싶어 하는 다리가 바로 저 다리였다는 데 실감이 난다.

〈춤추는 브루클린 브리지〉는 이런 아스라한 풍경과 느낌을 배경으로 반쯤은 먹고 들어간다. 관객들은 충분히 낭만적이 되고, 반성적이 된다. 앞으로의 꿈보다는 과거에 대한 회상, 현실에 대한 고민을 안고 좌석에 앉는다. 천국의 문 앞에서, 물질문명의 디스토피아적 문 앞에서, 어려웠던 과거에 대한 추억으로, 아직 따뜻한 사람들의 인정을, 가난하지만 예술에 대한 붉은 마음 하나로 기꺼이 살아가는 그런 진정을 느끼며 객석에 앉게 된다.

의도했는지 안 했는지 모르겠지만 작품 구성도 그런 형식으로 받아들여진다. 각자의 업으로 다양하게 갈 수밖에 없는 〈길〉(안무 김현남), 정체성의 혼란 속에서 공간 감각을 상실한 존재의 허무가 느껴지는 〈세 개의 공기…솔로〉(안무 박나훈), 그리고 진하게 사랑하다 흙으로 돌아가는 삶을 그린 〈흙〉(안무 정의숙)으로 읽힌다.

〈길〉은 단순한 움직임에서 조금씩 빠르고, 크게 반복 확대되며 복잡해지는, 성장하는 과정을 표현하며. 편안한 움직임. 직각에서 예각으로, 예각에서 곡선으로 변화하는 춤 선이 편안하게 삶의 여러 길을 전한다. 누구나 그 길을 하나 선택하지만, 가지 않은 길들에 대한 회한이 남게 마련이다. 그런 선택의 결심과 망설임, 회한이 곱게 묻어났다. 하지만 춤이 좀 더 상징적이고, 입체적인 의미로 전달됐으면 싶다.

〈세 개의 공기…솔로〉는 박나훈의 대표작에서 뽑아낸 솔로다. 무용수가 공기 주머니 한 가운데 들어가 만들어내는 고치의 느낌, 벌레의 느낌, 꽃의 느낌, 나비의 느낌이 묘하다. 뭔가에 붙어 있다는 느낌도 재미있다. 방향감의 상실, 존재감의 상실이 진하게 객석에 전달된다. 특히 관객 앞에서 트림을 하고 사과하는 모습에서 일상의 에티켓 등 세상의 관습에서 벗어나고 싶은 강한 의지가 읽힌다. 영혼을 상실한 무기물의 느낌이 잘 만들어진 춤사위에 실려 객석에 뿌려졌다. 내가 나비 꿈을 꾸는가, 나비가 내 꿈을 꾸는가, 그 혼돈의 느낌이 각자의 것으로 감정이 입 돼 안타깝다.

〈흙〉은 한국음악의 독특함을 살린 구음 시나위와 가야금, 징 등의 음악에 느리지도, 빠르지도 않은 적절한 속도감의 춤을 얹었다. 그리고 서로의 힘을 잘 이용한 아크로바틱한 춤사위를 바탕으로 이미지의 느낌이 강한 춤사위가 이어졌다. 너무 가깝지도 멀지도 않은 공간이 '팔길이'라고 한다. 사람이 그 팔길이에 있을 때 가장 편안함을 느낀다고 하는 데 두 사람의 듀엣은 팔길이 안에서 이뤄졌다. 떨어져 나가려면 달라붙고, 달라붙으려면 멀어졌다. 정겨운 거리에서 가야금과 북, 구성진 구음을 배경으로 깔끔한 춤사위가 꼬리에 꼬리를 물고 명증하게 이어졌다. 구음 시나위에 맞춘 춤은 자칫 소리처럼 늘어지기 쉬운데 음악에 지나치게 빠지지 않고 앞서거니 뒤서거니 균형을 잘 유지했다. 긴장을 느끼면서도 힘들지 않는 맞춤한 춤 속도에 깔끔한 관능미가 펼쳐졌다. 또 남성성에 의존하지 않고, 건강한 여성미로 남성을 받치는 힘찬 여성춤도 재미있다. 특히 가야금과 징이 부드럽게 감싸 안는 가운데 서로를 향해 뒤로 누워 각각의 오른다리에 머리를 기대 만들어내는 브리지의 균형미가 재미있다. 그야말로 브루클린 다리 밑에서 '춤추는 브리지'다. 속도감이 있으면서도 형태미를 잃지 않고 낭창낭창 부드럽게 얽혀 가는 타이밍과 두 기둥을 이용한 공간 활용이 특히 좋았다.

우연히 뉴욕에서 발견한 브루클린 다리 밑에서의 춤이었는데 쉽지 않은 뉴욕여행에서 하룻밤을 할애해도 결코 아깝지 않은 수작이었다.

도시천사

2008년 12월 3~4일 예술의전당 토월극장

도시인의 사랑을 깔끔한 이미지로 다채롭게 풀어냈다. 시작의 그림은 중력감이 없었다. 어슴푸레한 조명에 무용수들이 허공에 떠있는 느낌이었는데 〈도시천사〉의 이미지와 딱 들어맞았다. 그 앞에서 김윤경, 이은주가 날개옷을 수선하고 있었다. 추락한 천사, 유배당한 천사, 날개옷을 빼앗긴 선녀의 느낌이다.

부유하는 천사의 환상적 배경과 지상에 유배된 천사들이 독특한 대조를 만들어내는 가운데 악마적 느낌, 시니컬한 인간 불신의 내음이 물씬 나는 박나훈 특유의 독특한 무브먼트가 느리면서도 힘 있게 펼쳐지면서 서장의 이미지를 완성했다.

그리고 허공에서 떨어지는 깃털과 함께 도시인의 다양한 사랑이 펼쳐졌다. 극장 전체를 드러낸 툭 터진 무대 곳곳에 세워진 사다리는 하늘로 가는 통로인 동시에 지상으로 내려오는 출구다. 자신의 세계에서 상처받은 신 또는 신성한 영혼이 지적, 악마적 냉소주의, 회의주의에 고통 받는 서사적 시작의 느낌이 쿨하다.

이어 도시남녀의 아름답고 달콤한 사랑이 시간의 흐름에 따라 어떻게 변하는지 네 가지 상징으로 관능적이면서도 미니멀한 춤사위로 펼쳐졌다. 먼저 '아톰형'. 만화영화의 주인공처럼 귀엽고 깜찍한 사랑으로 유희적인 사랑이다. 정의숙 안무의 춤으로는 드물게 관능적이다. 하지만 특유의 똑 떨어지는 깔끔함은 잊지 않는다.

이어 바람둥이 남성위주의 사랑이 '슈퍼맨형'으로 그려져 삼각관계, 사각관계, 폭력적 사랑이 펼쳐졌다. 그러나 폭력이라는 말에 걸 맞는 폭력적인 힘이 약한 것이 아쉽다. 다음은 '배트맨형'으로 배트맨과 로빈의 관계를 동성애 코드로 해석, 소수자들의 사랑을 그렸다. '스파이더맨형'은 목숨을 거는 치명적 사랑이다. 죽음에 이르는 거미줄에 얽히는 줄도 모르고 지독한 사랑에 한 발, 한 발 빠져 들어가는 맹목적 사랑이 미니멀한 그림이지만 강렬하게 꾹꾹 눌러 그려졌다.

보들레르의 여인들

2009년 5월29일 성균관대 600주년기념관 새천년홀

세기말 퇴폐적 상징주의 시인 보들레르 시에 나타난 여인들은 결코 '쉬운' 여인들이 아니다. 독특한 개성에 깊은 상징, 빛나는 아우라 또는 무거운 어둠을 갖고 있는 여인들이다. 정의숙은 이를 특유의 쉽고 명징한 이미지로 그려내는 데 성공했다.

작품은 시인이 등장, 보들레르의 시를 요약·낭송하는 가운데 〈아름다운 여인〉, 〈꿈 안의 여인〉, 〈지나가는 여인〉, 〈천벌 받은 여인〉, 〈마지막 불꽃을 태우는 여인〉 등 5명의 여인이 마치 소묘하듯 그려졌다.

프롤로그에서 출연자 전원이 나와 서로 옷을 벗기고 입히고, 늘려 둘러메면서 보들레르 특유의 관능적 이미지를 경쾌하게 풀어냈다. 이어 시 「아름다움」에서 영감을 얻은 〈아름다운 여인〉이 경쾌한 웨이브 춤으로 펼쳐졌다. 관능적이면서도 고전적 미학에 투철한 보들레르의 미학을 탄탄한 기본기로 가볍게 퉁겨냈다는 느낌이다.

「가을 소네트」에서 따온 〈꿈속의 여인〉은 꿈꾸듯이 나른하게 서로를 탐하는 춤으로 표현됐고, 〈지나가는 여인〉은 속도감 있는 정제된 테크닉으로 익명의 대담성, 그리고 이룰 수 없는 사랑의 아픔이 잘 그려졌다. 동성애가 소재인 〈천벌 받은 여인〉은 동성애와 이성애를 두 축으로 사랑의 집착과 질투가 명료하게 그려졌다. 〈마지막 불꽃을 태우는 여인〉은 격렬한 열기에 휩싸인 사랑과 갈등이 폭발적으로 펼쳐졌다. 보들레르의 광기가 감성적 움직임으로 잘 살아났다.

작품은 박나훈의 솔로로 마무리됐는데, 박나훈 특유의 속도감 있는 분절적 움직임이 보들레르의 아픔과 외로움, 절망을 적절하게 표현해냈다.

한편 화려한 꽃무늬 영상을 배경으로 모든 무용수가 등장, 음악과 리듬에 몸을 맡기고 탱고, 왈츠와 비슷한 느낌의 춤을 쌍쌍이 추면서 관객의 몰입을 풀어내는 편안한 배려와 무대를 향해 누워 관객들에게 몸을 맡긴 피날레는 인상적이었다.

그러나 극장의 여건이 춤을 극대화하지 못해 아쉽다. 어쩔 수 없이 무대를 줄인 부분과 조명 부족은 다음 공연에서 충분히 수정, 보완될 것으로 기대된다. 열악한 무대조건에도 불구, 온 몸을 던져 흔히 고독과 우울, 광기, 마약 등 비정상적으로 오해되는 보들레르 미학의 고전적 본질을, 편안해 보이면서도 결코 쉽지 않은 움직임으로 객석에 '쿨'하게 전달하는 데 성공했다.

자유부인 2010

2010년 11월24~25일 예술의전당 토월극장

영상이, 디지털 뉴미디어가 아날로그의 전형인 춤과 어떻게 만나야 하는지 그 전범을 보여준 무대였다. 각각의 개성을 잃지 않으면서도 다양한 경험과 기법의 복합을 통해 강렬한 시너지 효과를 보여줬다. 특히 흘러간 통속적인 소재를 추어의 향수를 불러일으키는 복합적 소재로 활용해 과거의 작품에 대한 오마주와 함께 대중성과 예술성을 적절히 결합, 현대춤의 아킬레스건인 대중성 확보에 성공했다.

원작 정비석의 소설 『자유부인』은 1954년 신문에 연재된 후 단행본으로 출간, 7만부가 팔렸던 한국 최초의 베스트셀러 소설이다. 1956년 한형모 감독의 「자유부인」을 시작으로 1969년 김지미, 1981년 윤정희, 1990년 고두심 씨가 각각 주연을 맡아 영화화됐다.

이를 정의숙이 안무하고, 심은하 주연의 「인터뷰」, 이은주·한석규 주연의 「주홍글씨」 등 학구파 영화감독으로 유명한 성균

관대 영상학과 교수 변혁이 각본과 영상, 연출을 맡아 무대에 올렸다. 세계 최고 수준의 단편영화제 프랑스 클레르몽페랑 단편영화제에서 「호모 비디오쿠스」로 비평가상을 수상한 변 교수는 현재 아시아인 출신으로 유일한 국립영화학교FEMIS 연출과 졸업생이기기도 하다.

뉴욕의 미니멀 상징주의와 파리의 명쾌한 달변이 어떻게 만날까 기대됐는데 결과는 서로간의 존중과 배려를 통해 예술성 면에서, 대중성 면에서 예상을 뛰어넘는 성공으로 평가된다.

소설 『자유부인』은 대학 국문과 교수인 장태연의 정숙한 부인 오선영의 탈선기다. 선영은 동창회에 나갔다가 바깥세상에 마음이 끌려 양품점에 취직하고 남편의 제자인 신춘호와 춤바람이 난다. 장 교수도 타이피스트 박은미에게 접근하나 그녀가 결혼해 떠남으로써 헛꿈은 사라진다. 신춘호는 오선영의 조카와 결혼, 미국유학을 떠나자 오선영은 선망과 유혹, 질투, 울분으로 탈선과 좌절, 실의에 빠진다. 그러나 장태연의 이해와 아량으로 서로 과오를 뉘우치고 가정으로 돌아간다는 내용이다.

요즘은 신문 1단 기사로도 실리지 못할 통속적 내용이지만 당시 베스트셀러 소설과 흥행 1위 영화로 충격을 일으키며 여성단체로부터 여성을 모욕하고 미풍양속을 해치는 작품으로 법정에 서기까지 했다. '복합멜로무용극'을 표방, 5장으로 구성된 〈자유부인, 2010〉은 큰 줄거리는 같은 맥락이지만 요즘 시대에 맞게 오선영이 딸의 가정교사와 바람이 나는 것으로 각색됐다.

작품은 영상을 통한 인터뷰 모음으로 시작됐다. 이는 변 교수의 대표작 「인터뷰」를 연상시킨다. 영상을 통해 사람들의 결혼에 대한 꿈과 희망, 현실적 생각 등을 들으며 무대에서 어떤 결혼의 내용이 펼쳐질지 관객들의 관심을 유도했다.

무대는 가로, 세로, 높이 2.5m인 대형 큐브 12개. 이것이 아파트, 상가, 카바레 등 다양한 무대를 구성하면서 스크린 역할을 했다. 스크린의 영상과 실제 무용수가 등장하는 동선을 절묘하게 연결, 이른바 '입체 안경을 쓰지 않고 보는 3D영화'를 시도한 변 교수의 아이디어가 멋지게 성공했다. 서구의 영상 실험에서 이미 몇 차례 선보인 기법이지만 영상과 현실을 적절히 결합, 대형무대로 성공시킨 것은 아마 국내 최초의 성공적인 사례로 평가된다. 이를 좀 더 발전시킨다면 아날로그 무대에서 제한된 춤을 영상공간으로 확대하고 이를 다시 살아있는 무대로 환원시키면서 무한한 표현 욕구를 구체적 현실공간에 표현할 수 있을 것으로 기대된다.

각 아파트의 세세한 아침 출근의 단면이 영상을 통해 무대에 잔잔하게 펼쳐지다가 영상 속의 주인공들이 문을 열고 무대로 나오는 상황이 마술처럼 잘 이어졌다. 남편들을 모두 출근시킨 〈자유부인〉들이 아파트 영상무대에서 나와 청담동 무대로 나왔다. 이들은 즐거운 한 때를 중독성 있는 반복적인 경쾌한 웨이브의 춤에 실어냈다. 정의숙 특유의 깔끔함 뉴욕식 모던 미니멀, 군더더기 없는 춤이 인상적이었다.

이어 남편과 딸의 자유분방한 생활과 소외된 가정주부로서 호기심이 발동하는 '그들만의 밤'이 펼쳐졌다. 1, 2장의 중심은 춤보다 영상이었다. 구체적 디테일의 현실의 영상과 내면과 음악을 표현한 추상적 영상, 그리고 1956년 박암·김정림 주연, 한형모 감독의 「자유부인」 첫 영화가 투사됐다. 반세기 가까이 지난 오래된 필름의 그 시대 풍속에서 드러나는 남편의 바람, 그리고 아내의 불륜은 스피디하고 물질적인 요즘 불륜에 비하면 귀엽기조차 했다. 바람난 장 교수의 들뜬 마음이 추억의 영상과 거친 음색의 퇴폐적 노래, 그리고 박나훈의 힘 있고 **빠른** 춤과 잘 어울렸다. 또 지하철에서 교복 갈아입고 나이트클럽에서 과외선생 정수동과 즐기는 딸 황인선의 춤은 경쾌하고 활달했다. 이와 함께 동창생들과 함께 클럽을 찾은 아줌마들이 흘러간 젊음을 되살리면서 아직 살아있는 관능을 표현하려는 춤은 끈끈했다. 무대 예술 특유의 격조를 잃지 않으면서도 다양한 계층, 계급, 개성의 캐릭터가 살아있는 현장의 춤을 활용한 안무는 무대에 갇혀있는 작위적이고, 장식적인 춤이 아니어서 더욱 매력적이었다.

사건의 도입, 전개에 해당하는 프롤로그와 1, 2장이 영상 중심이라고 하면 개인의 갈등이 깊어지면서 폭발하는 3, 4장은 춤 중심이었다. 클럽에서 딸을 발견하고, 남편의 외도를 감각적으로 느낀 자유부인 김준희가 나윤선의 재즈 「고향생각」에 맞춰 춘 솔로춤은 단정하면서도 권태와 외로움에 지친 관능미, 퇴폐미가 잘 살아있었다. 그리고 마침내 처음으로 달콤한 불륜에 **빠져** '선을 넘는' 마음은 샹송 「Oùest ma tête」^{내 머리는 어디에 있지}에 노래와 영상으로 재미있게 표현됐다. 극중 복잡한 캐릭터의 관계와 자유부인 선영의 마음을 잘 정리한 영상과 「J'ai perdu ma tête」^{나는 머리를 잃어 버렸어}, 「Dis-moi oùsont mes bras」^{내 팔이 어디 있는지 말해줘} 등 정신없이 사랑에 빠진 여인의 마음을 노래한 샹송에 맞춰 김준희와 장수동은 멋진 2인무를 췄다.

그리고 엄마의 불륜을 발견한 딸이 목을 매는 비극이 이어지면서 마지막 장 〈죄 없는 자 돌을 던져라〉가 한바탕 진혼굿으로 펼쳐졌다. 필립 글라스의 「장례」가 소프라노 조혜원의 육성과 장쾌하게 어울린 가운데 핵폭탄, 기상이변, 허리케인의 폭발적인 영상과 오실로스코프 등 기하학적 추상의 영상이 자극적으로 눈과 귀를 찔렀다. 이를 배경으로 박나훈, 김준희 등 주인공의 격정적 2인무와 조선영, 이동원, 김준기, 유보란, 전보람, 박아영 등의 군무가 폭발적으로 전개됐다.

한바탕 진혼의 씻김이 지나간 뒤 여느 때와 같은 조용한 아침이 시작됐다. 〈낙원〉으로 이름 지워진 에필로그는 역설이었다. 모리스 라벨의 피아노 협주곡에 맞춰 조용하고 장중하게 어제와 같은 오늘이 시작됐지만 결코 치유될 수 없는 아픔이 느껴지는 〈잃어버린 낙원〉이 아프게 새겨진 가운데 막이 내렸다.

변혁은 "이번 작업은 안경을 끼고 보는 3D영화가 아니라 사각형 스크린을 탈피, 실제 무대 위에 올린 리얼 3D영화"라며 「주홍글씨」의 주제에 「인터뷰」의 사람냄새, 「오감도」의 샹송과 「호모 비디오쿠스」의 필립 글라스 음악 등 그동안 나의 작업의 아이디어를 총정리 했다"고 말했다. 정의숙은 "〈자유부인, 2010〉은 복합쟝르 멜로드라마"라며 "쟝르의 조화로운 '만남'은 쟝르 간 '독자적 전문성의 확보'로만 가능하다. 대본, 음악, 안무와 영상 등 모든 부문에서 협업으로 진행된 이번 작업이 그 전범이 될 것"이라고 말했다.

윤이상을 만나다

2010년 9월30일, 10월1일 대학로예술극장 대극장

서양음악의 화성에 동양음악의 깊이를 더한 윤이상의 음악은 신비로우면서 강렬하다. 입체적이면서도 명상적인 그의 음악에는 영혼의 밑바닥까지 씻어내는 한없는 깊이와 넓이가 있다. 더욱이 이데올로기에 의해 상처 입은 거장의 고뇌를 그대로 담고 있어 인간적인 체취가 물씬 난다. 하지만 도가에 바탕 해 시공간에 구애받지 않는 그의 철학과 음악을 무대 위에 구현해내기는 결코 쉬운 일이 아니다.

〈자유부인 2010〉에서 춤과 영상의 새로운 만남의 지평을 연 정의숙, 변혁 콤비는 〈윤이상을 만나다〉에서 다큐멘터리 형식을 빌려 그의 극적인 삶과 음악을 멋지게 조각해내는 데 성공했다. 잘 어울린 춤과 음악, 드라마는 윤이상의 음악과 철학에 일반인도 쉽게 다가 설 수 있게 해 동서양을 관통하는 거인의 심오한 예술혼과 현실 이데올로기의 모순을 넘어서는 뜨거운 숨결을 느끼게 했다. 특히 다양한 영상과 시점의 변화를 유도한 다층적 무대분할은 보는 음악, 생각하는 춤, 살아있는 드라마의 전범을

보여줬다고 해도 지나치지 않아 보였다.

'윤이상과의 만남'은 암전 속에서 장중하게 시작됐다. 마치 「핀란디아」의 서곡 같은 강렬한 음이 긴장을 고조시키는 가운데 서서히 암전이 걷혔다. 새벽 여명 예불을 드리는 스님들 같이 경건한 움직임이 조금씩 시야에 들어오면서 풀잎에서 떨어지는 명징한 이슬 같은 소리의 플룻이 막을 열었다. 한 송이 국화꽃을 피우기 위해 천둥과 비바람이 그렇게 울었나 보다는 미당의 싯귀가 떠오른다. 첼로와 콘트라베이스가 바닥을 다지고 그 사이를 뚫고 바이올린 선율이 아침 햇살처럼 무대를 가득 채우면서 비로소 잠깬 영혼들이 신선한 아침 바람에 몸을 맡겨, 아직 남아 있는 지난밤 꿈의 잔재를 단정하게 털어냈다. '공간' Espace을 깨우는 '소리' Sori와 하늘과 땅을 잇는 사람들의 움직임, 춤 환상곡 '무악'舞樂의 하모니가 멋지게 어울린 프롤로그였다.

프롤로그가 끝나고 서사적인 무대 구성이 전개됐다. 풍경소리와 함께 천정에서 가로형태, 세로형태의 두 개의 스크린이 내려오고 무용수들은 무대 평면과 천정에 수직으로 두 개의 카메라를 설치했다. 가로 스크린에는 수직의 카메라가 축소해 비추는 평면의 영상이 묘한 부감俯瞰효과를 나타냈고 세로스크린에는 확대된 무용수들의 입체가 비춰졌다. 무대 위에 춤추는 무용수들의 실제 움직임과 이를 수평과 수직으로 확대, 축소한 영상이 만들어내는 세 가지 시점의 무대는 독특한 느낌을 줬다. 또 가로 스크린에 윤이상의 다큐멘터리 영상이 비춰지고 세로 스크린에 자막이 투사되는 등 다큐멘터리 영상이 무대에서 진행 중인 인터액티브 영상과 순수 추상 영상이 번갈아 비추면서 쉽지 않은 윤이상의 난곡難曲 이해를 도왔다. 이와 함께 가로 세로 스크린이 모두 올라가고 대형 중간 스크린이 등장하는 등 시종 다기, 다양한 시점의 복합적인 무대 변화는 이 쉽지 않은 공연에 관객들의 관심을 집중시키기에 충분해 보였다. "내 음악에는 아시아의 철학이 많이 담겨있는데 예를 들면 도교 같은 것이지요. 네 가지 요소로 구성되어 있다는 것이죠. 즉 사람과 하늘 땅 그리고 도道입니다."라는 윤이상의 회고처럼 무대는 사람과 하늘과 땅, 그리고 이 모든 것의 변화를 통한 도의 구현을 위한 잘 짜진 구조물로 기능했다.

첫 장 윤이상의 음악과 철학은 그의 대표작 '가곡'과 '피리'에 맞춰졌다. 동서남북과 중앙, 오방에서 무용수들이 움직이는 가운데 이를 하늘을 나는 새가 바라보는 부감효과 롱샷으로 투사, 조망하는 가운데 수평의 역동적인 움직임을 클로즈샷으로 확대해 보여줬다. 소프라노가 부르는 한국 전통 가곡은 우리 것이라는 느낌보다는 중국, 일본의 이국적 느낌도 났다. 그의 음악이 민족성보다는 보편성으로 받아들여지는 이유일 것이다. 그

사이를 뚫고 나오는 날카로운 현과 윤이상의 회고는 적절한 추임새로 작품의 이해를 도왔다. "아시아인들은 화음, 대위법이 필요 없었습니다. 항상 단음, 그러나 그 단음은 어떨 때는 우연으로 만들어진 것처럼 보이지만, 우리는 그것을 헤테로포니 heterophonie, 이음성異音性이라고 부릅니다. 각각 악기들은 단음으로 연주하다가 중간 중간에 다른 음을 연주하다가 다시 단체로 돌아옵니다. 이렇게 모든 연주자는 자기만의 음을 만들면서 연주하게 됩니다."

춤은 빠르지도 느리지도 않은 적절한 속도로 음을 꾹꾹 눌러 타고 나갔다. 감상적으로 음을 따라다니지 않으면서도 긴장을 늦추지 않았다. 잘 다듬어낸 무브먼트와 포즈는 다양한 시점의 영상으로 증폭돼 음악의 깊이와 넓이를 무대에 최대한 살려냈다. 오방진의 군무형태로 동양사상으로 서양의 입체적 하모니를 구축하면서 하나 하나의 무용수는 손떨림과 급격한 비틀림으로 헤테로포니, 이음성을 그려내려 노력했다. 윤이상이 '농현' 弄絃 이

라는 말로 강조했던 단음의 이음성을 온 몸으로 나타내려 애를 쓴 흔적이 역연했지만 전체 무대의 다양성에 위축돼 제대로 부각되지 못한 아쉬움이 있다.

윤이상의 철학에 이은 두 번째 장 '사랑'은 수묵담채화, 투명수채화 같은 맑은 영상을 배경으로 펼쳐졌다. 음악은 전 장과 마찬가지로 '소리' Sori와 '공간' Espace, 춤곡판타지 '무악'에 맞춰졌다. "나는 가벼운 효과를 내 음악에 포함하려고 하지 않는다. 나는 내 음악이 더 간접적이고 섬세하게 테마를 다루어야 한다는 것을 알고 있다." 무대는 윤이상의 회고처럼 힘 있는 단정함으로 바이올린과 첼로, 구음에 실렸다.

음악에 대한 윤이상의 철학과 사랑에 이은 그의 〈고통의 기억〉은 「첼로협주곡」으로 그려졌다. 윤이상은 첼로의 선율에 싸늘한 감방에서 사형이 구형됐던 당시의 아픔을 기록했다. "나는 잊어버리려고 노력한다. 그러나 그 경험은 너무 깊이 새겨져 있다. 그리고 나는 종종 밤에 악몽을 꾸고 잠에서 깨어나 두려움을 느끼기도 한다.", "나는 한순간에 지하 감옥 밀실에 붙잡혀갔고 사람들은 내가 사형당할 것이라고 말했다. 그래서 나는 삶은 무엇인가. 죽음은 무엇인가에 대해 생각했다. 첼로는 그 외로운 음 혼자서 그 자체를 노래한다."

윤이상의 고통은 수평, 수직의 분할된 영상대신 뒷 배경 전면을 꽉 채운 스크린으로 투사됐다. 반세기 가까이 된 대한늬우스 흑백영상에 동백림사건으로 더 유명한 유럽 유학생 간첩단 사건이 나와 긴장을 고조시켰다. 박정희 정권을 배반, 어떻게 죽었는지도 모르는 김형욱 당시 중앙정보부장의 기자회견 장면과 윤이상을 비롯한 사건 관련자들을 실은 신문기사가 이어졌다. 그리고 비인간적인 교도소의 살풍경한 모습과 그 안에서 고통 받는 윤이상의 신음 같은 회고가 덧붙여졌다.

정수동은 커다란 영상 앞에서 희미한 조명아래 팔을 뒤로 꺾고 발을 고통스럽게 뒤집은 채 엉덩이와 무릎으로 움직이며 구르고 뛰고 비틀어 상처받은 거인의 영어의 고통을 설득력 있게 그려 냈다. "내 마음에 깊게 상처가 났다. 이 상처는 평생 동안 잊히지 않을 것이다. 결국엔 잊어야 하는 것이지만 잊을 수 없을 것이다." 서서히 조명이 사그라드는 가운데 '고통의 장'을 마무리하는 윤이상의 회고가 가슴을 아스라하게 만들었다.

죽음 직전에까지 갔던 윤이상의 기억은 유태계 독일여류시인이 쓴 시에 곡을 붙인 칸타타 「가곡─밤이여 나뉘어라」^{Teile dich Nacht!}로 그려졌다. 하지만 연주 대신 성우로 먼저 활동했던 배우 한석규씨의 감성적 낭독에 맞춰졌다.

> 굳게 닫힌 문 // 그 뒤에서 끔찍한 일이 벌어졌다 / 너는 그 뒤에서 무슨 일이 벌어졌는지를 본다 / 너의 두 눈은 네 몸에서 떨어져 나와 있는가 / 아니면 이미 죽음 속에 있는가 / 죽음은 열려있고 / 비밀들은 그 뒤에 비로소 살아있다

> 창문 앞에서 // 지저귀는 새 / 말라붙은 창밖에서 지저귀는 새 / 너는 그 새를 본다 / 너는 그 새소리를 듣는다 / 하지만 다르게 나는 그 새를 본다 / 나는 그 새소리를 듣는다 / 하지만 다르게 / 똑같은 태양계 안에서 하지만 다르게

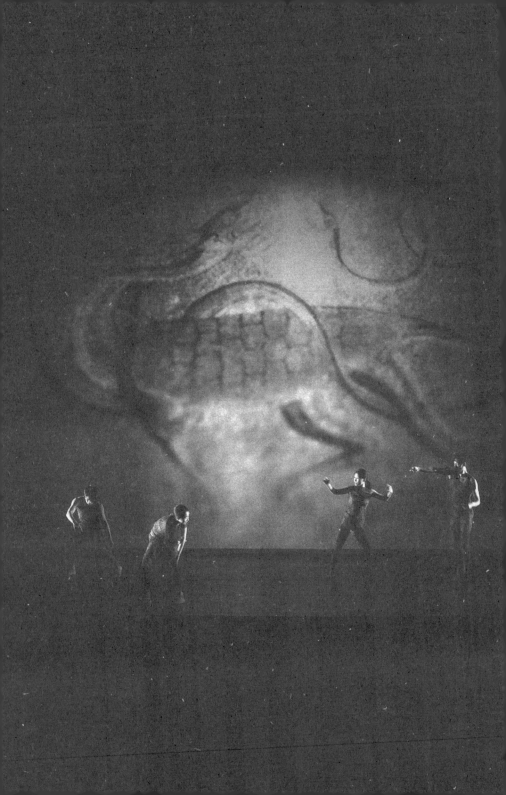

밤이여 나뉘어라 // 너의 빛나는 두 날개는 / 경악으로 떨고 있다 /
밤이여 나뉘어라 나는 이제 떠나려 하고 / 네에게 피비린내 나는 밤
을 / 돌려주게 될 것이기에 밤이여 나뉘어라 밤이여 나뉘어라

검은 옷을 입은 듀엣의 남녀 무용수가 무음악의 낭독에 맞춰 물
흐르듯이 자연스러우면서도 쉽지 않은 아크로바틱한 몸짓으로
엄숙한 죽음의 춤을 췄다. 그리고 그 뒤 스크린에 투사된 커다
란 그림자는 죽음의 공포에 맞닥뜨린 거인의 고통이 생생하게
드러났다.

〈죽음의 기억〉에 이어 이 소란을 가져온 윤이상 필생의 역
작 「플루트, 오보에, 바이올린과 첼로를 위한 이미지들」<sup>Images for
flute, oboe, violin and cello</sup>이 연주됐다. 동백림사건의 단초가 된 윤이상
의 평양방문의 결과물이다. 윤이상은 평양 고분에서 「사신도」<sup>四
神圖</sup>를 보고 받은 감동을 이 작품에 고스란히 담아냈다. "어려운
시기에도 작곡을 했습니다. 아니 해야만 했습니다. 음악에 몰두
하면서 위로를 받고 힘을 얻었습니다."

주작, 현무, 청룡, 백호, 사신의 이미지는 서로 간 뚜렷한 차이
를 구분할 수 없을 정도로 서서히 변화하며 움직였다. 4명의 무
용수로 그려낸 '사신도'의 춤은 사신 각각의 특징적 움직임 대
신 플룻과 오보에, 바이올린, 첼로가 그려내는 순수추상의 느낌
으로 단정하게 풀어냈다. 영상과 움직임을 아우르는 장엄한 음
악은 윤이상의 절박한 고통에 대한 보상으로 충분해 보였다. 신
비하면서도 힘 있는 그의 음악은 핍박받고 상처받은 모든 영혼
에 대한 위로로 들렸다.

춤은 '사신도'를 넘어 거인의 향수로 이어졌다. '오보에 솔로를 위한 피리' Piri for Oboe solo에 실린 유년의 기억은 뒷걸음치는 솔로로 표현됐다. 피리의 날카로움을 아스라이 깎아낸 오보에 소리에 실어 스크린 뒤 배경의 그림자를 스크린 앞으로 이어지게 하며 이어낸 현실과 회상 장면이 인상적으로 펼쳐졌다. "내 고향은 경상남도 통영인데 어부들이 심심풀이로 육자배기를 부르는데 그 소리가 고요한 물을 타고 온단 말이야. 그 소리가 평생 잊을 수가 없고 그 소리가 내 음악 전체 속에 젖어있는 많은 부분이 되고 있습니다."

서구의 음은 수평, 수직으로 구성돼야 만들어진다. 반면 동양에서는 하나의 음으로 가능하다. 동양 음악의 음들은 서예의 굵은 붓질처럼 단정하고 힘이 있다. 춤은 그렇게 꾹꾹 눌러가며 기억의 저편으로 들어가 단단한 껍질을 하나씩 벗겨냈다. 솔로에서 둘로, 둘에서 넷으로 확대되는 가운데 수직의 음파 같은 선들이 기억의 단층들을 부수어나가며 드러나는 문자들은 현대미술 칼리그라프 같은 서사적 느낌이 났다. 바늘로 쿡 찌르듯이 날카롭게 파고드는 거인의 메시지는 움직임에 맞춰 드러났다가 풀어져 지워지며 가슴에 각인됐다. "무악은 서양 전통의 공간성을 넘어서 장면성과 공연성을 유지한 시공간적 음악형태입니다. 시각적인 음영이 아니라 템포와 제스처의 합일적인 조절이 극적 장면의 상상공간으로 유도하기 때문입니다."

수직의 움직이는 선들 그 사이로 투사되는 칼리그라프를 경계로 안과 밖이 그림자와 반투명 모습으로 실제 모습과 대비되며 과거와 현실, 기억과 환상을 절묘하게 대비해 낸 부분은 높이 평가받을 만하다. 특히 마지막 장면에서 일직선으로 등장한 무용수를 사선으로 변주, 크게 무대를 분할하며 실루엣으로 만들어 스크린 안과 밖을 하나로 만들고 하이라이트로 주인공을 강조, 〈유년의 기억〉을 마무리 한 것은 절로 관객들의 박수를 유도할 정도로 명장면이었다.

「클라리넷과 현악4중주를 위한 5중주」Clarinet quintet II에 실린 〈고향의 기억〉은 이 작품에서 가장 환상적인 부분의 하나였다. 바닷물 소리와 함께 초롱불을 든 아이로 시작한 '고향의 기억'은 밤하늘 비원을 담고 하늘로 날아올라가는 초롱불처럼 만개한 푸른 영상을 배경으로 펼쳐졌다. 투명한 클라리넷이 이끌어가는 행복한 고향에 대한 기억을 따라가는 세 명의 호롱춤은 바닷물 색을 닮은 다크블루의 영상과 멋지게 어울렸다. 그리고 갈 수 없는 고향에 대한 거인의 아픈 회상이 더욱 애잔하게 들렸다. "그 잔잔한 바다, 그 푸른 물색, 가끔 파도가 칠 때도 그 파도소리는 내게 음악으로 들렸고, 그 잔잔한 풀을 스쳐가는, 초목을 스쳐가는 바람도 내게는 음악으로 들렸습니다.", "나의 고향에 대한 가장 최근의 기억조차 너무 오래된 기억이다. 그래서 점점 기억을 놓치게 된다.", "제가 어느 나라 언어로 생각하고 있는지는 저도 모르겠습니다. 많은 것들이 동시에 섞여있습니다. 30년 동안 고향에서 떨어져 살면 이렇게 그냥 살게 됩니다."

마지막장 〈작은 소망〉은 고향에 묻히고 싶은 윤이상의 비원이 그의 말기작 「동서의 단편」Two East West Miniatur I, II에 실렸다. "나는 나의 조상들이 묻혀있는 그 곳에 묻히고 싶다. 나는 고향으로 돌아가고 싶다. 내가 아주 선명하게 기억하고 있는 어린 시절을 보낸, 나의 문화가, 나의 전통이 (있는 그곳에 묻히고 싶다.)"

거인의 비원을 그린 박나훈 솔로는 진부한 느낌이 없지 않았다. 기교적이고 다소 건조해 보이는 박나훈 특유의 몸짓으로 거인의 깊은 상처를 위로하고 해원하기에는 다소 부족해 보였다.

에필로그는 첫 장에서처럼 가로 세로 두 개의 스크린이 내려와 부감 롱샷과 수평 클로즈샷을 섞어 '소리'와 '공간', '무악'에 맞춰 마무리됐다. 서양 교향악의 웅장함과 동양 단음의 신비로움이 어울린 음악에 맞춘 7명의 단단한 레퀴엠이었다. 가끔씩 이어지는 윤이상의 음성들이 무거운 서사를 강화하는 가운데 투명한 오보에 클라리넷 소리에 끌려 생각에 빠지다가 교향악의 강렬한 화음에 퍼뜩 정신이 돌아왔다. "나의 고국의 형제자매 여러분 부디 나의 음악을 통하여 위로와 용기를 얻으시고 내가 절실히 염원하는 민족의 평화적 사회와 민족끼리의 화해가 하루 빨리 실현되기를 바라고 또 다같이 노력합시다. 안녕히."

막이 내려도 거인의 간절한 비원이 귓가에 맴도는 춤과 음악, 철학과 영상이 멋지게 어우러진 현대음악 다큐멘터리 서사무용극이었다. 공부가 되는 춤, 반성이 되는 춤, 아름다운 음악과 영상이 있는 감동의 춤, 갈등과 상처를 씻고 마침내 도달한 평안과 위로의 춤, 절망 속에서도 일어서는 용기를 주는 춤이었다.

한편 공연전날인 9월29일 촬영, 공연의 마지막을 장식한 베를린 가토우 지방묘역landschaftsfriedh of Gatow의 윤이상 무덤 영상은 '정말일까' 하는 생각에 관객들을 갸우뚱하게 했다. 복잡한 행정절차를 거쳐 공연 전날 극적으로 촬영, 30일 공연에 삽입하는 데 성공했다고 하는데 이는 이 작품의 시의성 강화와 함께 이 다큐멘터리 춤을 위해 제작진들이 얼마나 공을 들였는지 짐작케 해준다.

3

전
미
숙
의
단아한 충격과
강렬한 인상

1958년 전남 순천 출생
한국예술종합학교 무용원 교수

이화여대 학사, 석사
영국 런던 컨템포러리 무용학교 수료

안식각 (1982)

제소리, 제 몸짓이라야 (1982)

잠 없는 꿈 (1982)

안녕 (1984)

얼굴 찾기 (1987)

눈물 꽃 (1988)

세 가지 향을 위한 변주 (1988)

소리 10-떠도는 노래 (1989)

유리알 유희 (1989)

예감 (1989)

客 (1991)

웨딩탱고 (1991)

짧은 휴식, 긴 여행 (1991)

암꽃 (1992)

역 (1992)

청춘행진곡 (1992)

58년 개띠 (1993)

겨울, 봄 여름 가을 (1993)

불감증 (1994)

개, 꿈, 국화 (1995)

잠천 (1995)

몽설 (1996)

몽유도 (1997)

나비, 비 (1997)

물처럼 또 바람처럼 (1998)

고기, 물고기 (1999)

다다편편 (1999)

아듀, 마이 러브 (2001)

목련 (2001)

약속 (2001)

What's going on? (2002)

나팔꽃이 피었습니까? (2002)

목련 (2004)

봄날은 갈까… (2004)

반·갑·습·니·까 (2005)

묻지마세요 (2006)

가지마세요 (2006)

나는 잠수한다 (2007)

약속 하시겠습니까… (2009년)

아모레, 아모레 미오 (2010) 등

→ 91 페이지 〈나는 잠수한다〉
  92-93 페이지 〈아모레, 아모레 미오〉

사람살이의
핵核은
모순이다

전미숙처럼 관객은 물론 평론가, 무용가 모두로부터 사랑받는 안무가는 드물다. 대부분이 그의 작품에 대한 긍정적 평가에 이론의 여지가 없다. 특히 평론가의 사랑은 대단하다. 1987년 춤계 최고의 경연축제인 대한민국무용제(현 서울무용제)에 참가한 그의 작품 〈얼굴 찾기〉는 평론가들이 선정한 대상에 올라

그해 춤계 '최고의 사건'이 됐다. 이 무용제에서 공식적으로 대상을 탄 작품은 다른 작품이었지만 평론가들이 주최 측의 심사가 불공정하다며 별도의 심사를 강행, 그의 작품에 대상을 줬기 때문이다. 그는 지극히 말이 없는 내성적 성격으로 정치력(?)이라고는 거의 없다. 말이 아니라 오로지 작품으로만 외부와 교류한 그였기에 더욱 의미가 큰, 항상 일반의 상식을 넘어서는 반전의 묘미가 트레이드마크인 그의 작품처럼 그해 춤계의 가장 '충격적인 사건'이었다.

전미숙은 사실 이 책에서 연구대상으로 선정한 3명 중 가운데 세대의 인물이지만 현대무용 안무에 있어서는 1980년대 초반으로 가장 앞선다. 한국 무용 도입기에 이은 새로운 발전기를 연 첫 주자라고 해도 지나치지 않다.

개인적으로 1990년대 중반 이후 본격적으로 무용을 보기 시작해 '한창' 때 그의 작품을 놓친 것이 많이 아쉽다. 또 그의 작품은 글로 옮기기가 사실 쉽지 않다. 2001년 춤 전문지 월간 「춤」에 본격적으로 리뷰를 기고한 이후에도 그의 작품에 대한 리뷰가 부족한 것도 이 때문이다. 그의 작품은 감성과 이성이 복합돼 극도로 단순화한 무대와 움직임을 통해 강렬하게 대비된다. 그리고 날카로운 풍자로 현실을 비판하며 감각적 대중성과 함께 무대를 전복하는 독특한 서프라이징 엔딩을 이끌어내며 어떤 설명도 필요 없이 이미지와 움직임 그 자체로 가슴에 다가온다. 군더더기 하나 없는 그의 단순, 명쾌, 통쾌한 움직임의 충격적 아날로그를 분석적인 글의 적절한 디지털로 풀어내기는 사실 좀처럼 쉽지 않다. 최근 그의 작품을 '리뷰', 말 그대로 '다시보기'를 하며 자세히 글로 옮겨 풀어보지만 스스로 만족스럽게 전달되는 것 같지는 않다. 결국 그의 안무 구상, 전략을 살펴보려면, 부끄럽지만 그의 '입'에 의존하는 것이 최선이라고 생각한다. 그러나 그가 말 보다는 생각과 몸이 뛰어난 안무가이기 때문에 이것도 완전할 수는 없을 것이다. 어차피 생각과 몸으로 하는 춤이라는 것이 불립문자不立文字인 만큼 전미숙의 작품을 이해하기 위해서는 그의 작품과 리뷰, 그리고 그의 설명을 들으며 염화시중미소拈華示衆微笑를 짓는 가섭이 되어야만 가능할 것 같다.

<u>언제부터 춤을 추기 시작하셨나요.</u>

춤을 처음 접하게 된 것은 유치원 때입니다. 3남 1녀 중 딸로 태어난지라, 처음에는 어머니가 딸을 갖게 된 기쁨에 딸답게 키우고자 취미삼아 시키신 듯합니다. 열 살 때 서울로 이사 오면서는 그만 두었습니다.

<u>한국의 부모님들은 발레나 한국무용 등 예능교육은 보통 어릴 때 취미로 하고 입시공부에 전념시키시지요. 어떻게 다시 무용을 하시게 됐습니까.</u>

중학교 때까지는 춤을 잊고 공부에만 전념했습니다. 진명여고 재학 당시 제일 친했던 친구가 무용을 전공하여 서울대학교 사범대학 체육학과를 간다고 하기에, 친구 따라 강남 간다고 다시 무용학원을 다니게 되었습니다. 이때부터 다시 무용의 길에 들어서서 지금까지 오게 된 것입니다. 사실 당시 저의 관심사는 무용보다는 수학, 심리학 등이었는데 말입니다.

<u>수학, 심리학을 좋아하셔서 선생님의 작품이 그렇게 치밀하고 계산</u>

적인지 모르겠네요.

일반적으로 예술하는 사람들은 감성적일 것이라고 느끼는 분들이 많은 것 같습니다. 하지만 저는 꼭 그렇지는 않다고 생각합니다. 무용을 하는 사람들은 사실 엄밀한 계산과 치밀한 심리 분석을 통해 작품을 하시는 분들이 많습니다. 저도 그런 작품을 내놓고 싶어 바둑돌 두듯이, 복잡한 퍼즐을 풀어내듯이 작품을 만들려고 합니다. 그러나 마음만 그렇지 만족할 만한 작품은 아직 나오지 않는 것 같습니다. 지금도 계속 찾고 찾아갈 뿐입니다.

무용 가운데에서도 현대무용을 택한 이유는 무엇인가요. 현대무용의 어디가 좋아서 택하셨나요.

제가 무용을 배우고 입시를 준비하던 시절에는 특별히 전공을 정하지 않고 세 장르를 똑같은 비중으로 준비해야 했던 시기이고, 전공은 입학하고 난 뒤 방과 후 레슨 때에 별도로 정해서 훈련했던 때입니다. 사실은 발레를 전공하려 했는데 동기들이 워낙에 발레가 강세였습니다. 김선희, 문애령, 조미송, 정도영 씨 등 쟁쟁한 사람들이 수두룩했습니다. 그래서 현대무용을 택했습니다. 하지만 돌이켜보면, 무엇보다도 '아름다운' 모습만을 보여주어야 했던 당시 발레나 한국무용의 춤 관념이 저와는 맞지 않았던 점이 가장 큰 선택요인이 되었다고 생각합니다.

춤은 누구한테 배우셨어요.

진명여고가 당시 여느 예고에 뒤지지 않을만한 무용반으로 유명했습니다. 박명숙, 정의숙, 김인숙, 조은미, 신은경, 신상미, 최성이 선생님 등이 전부 다 진명여고 출신입니다. 입시를 준비한 무용 선생님은 최성이 선생님이셨고, 그 외에도 무용학원 레슨을 별도로 받았습니다. 대학 때야 물론 육완순 선생님께 실기나 생활 면에서 혹독하게 훈련을 받아 현재까지 오는 밑거름이 되었을 겁니다. 그리고 영국 런던 컨템포러리 학교에서 줄리엣 피시^{Juliet fish} 선생님은 나의 춤 생각을 바꾼, 또 교육자로서의 자세를 갖게 해준 가장 영향력 있는 분이세요.

> 선생님의 안무 데뷔작이 1982년 〈안식각〉이지요. 보지는 못했지만 첫 작품에서 지금까지 선생님의 작품에 관류하는 정신이 읽히는 것 같아요. 주제를 명료하게 표현하는 명확성이랄까요. 보통 선생님의 작품 제목을 보면 작품의 주제, 다시 말하면 선생님이 이 작품을 통해 관객에게 말하고 싶은 게 거의 보이는 것 같습니다. 〈안식각〉은 '안식할 수 있는 각도' 즉, 인간이 가장 편안히 설 수 있는 각도를 몸으로 그려내면서 삶, 그리고 죽음이 보이는 것도 같습니다. 명료한 주제성과 함께 분명한 무브먼트 전략, 그리고 치열한 삶에 대한 투쟁과 함께 죽음을 받아들이는 달관의 체념, 허무주의 이런 것들이 느껴집니다. 명료한 주제와 무브먼트, 삶에 대한 강렬한 의지와 함께 더해지는 쓸쓸한 허무주의 이 네 가지가 제가 많이 보지는 않았지만 최근 10여 년간 선생님의 작품을 보면서 느끼는 특징으로 생각됩니다.

> 먼저 〈안식각〉이라는 작품에 대해 어떤 작품인지 개괄적으로 설명해주십시오.

잘 지적해주셨습니다. 1980년대 당시는 '공간극장'을 중심으로 소극장 무용 운동이 활발했던 시기입니다. 그래서 저도 졸

업 직후에 개인 발표회 식의 공연을 올리게 된 것인데, 당시에
는 작품을 통해 저의 인생관과 철학이 드러나야만 한다고 생각
했기에 지금 살펴보면 너무 무겁게 풀어나가지 않았나 하는 생
각이 듭니다. 게다가 비교적 최근까지만 해도 작품의 제목이 가
리키는 바가 작품에서 당연히 그 이유를 찾을 수 있어야 한다
고 생각했었습니다. 〈안식각〉은 '죽음을 가장 편안하게 응시할
수 있는 각도'를 뜻합니다. '죽음'이 결코 밝은 주제는 아닙니
다. 작품 자체가 밝아질 수 없음은, 그 당시의 사고방식에 비춰
보았을 때 어찌 보면 당연한 일입니다. 제목 때문에 죽음에 대
한 저의 시각이 작품에 담겼을 것 역시 필연적인 일입니다. 이
작품은 짧은 소품의 연결로, 무대 바닥에 놓인 천을 중심으로
〈고무줄〉, 〈판수〉, 〈한계점〉의 세 장으로 구성됩니다. '콘크리
트' Concrete라고 수놓인 이 천이야말로, 이 작품이 선언하는 바를
농축하여 나타냅니다.

저 자신이 삶에 있어 부정적인 것은 전혀 아닙니다. 하지만 이런
식의 질문을 두고 대화를 하다보면, 점점 더 허무주의적인 성향
이 짙어져 가고 있다는 생각은 듭니다.

작품을 만들기도 어렵지만 작품의 이름을 짓기도 정말 어려운 것 같
아요. 간단한 몇 단어 속에 작품이 말하려 하는 것을 모두 담아내야
하기 때문입니다. 많은 사람들이 '무제', '평정' 등과 같이 암호와
같은 글들을 사용하며 가뜩이나 어려운 현대무용의 이해를 더욱 어
렵게 하기도 하는 경향도 있습니다만 선생님 작품의 제목은 구체성
을 띠고 작품의 메시지를 분명히 전달한다는 느낌을 받습니다. 작
품 제목을 정하실 때 어떻게 하시나요.

우선은 앞서 말한 대로 제목이 시사하는 바가 작품에서 오롯이 드러나야 한다는 생각 탓에 제 주변의 이야기를 주제로 삼아, 이에 대한 것이 제목이 됩니다. 하지만 그렇다고 해서 제 작품의 제목이 1차원적으로, 글자 그대로의 의미만을 담고 있지는 않지요. 작품 〈58년 개띠〉는 58년생에 관한 것만은 아니고, 〈불감증〉은 성관계에 관한 이야기가 아닙니다. 〈아듀 마이 러브〉도, 아주 시적인 이름인 〈개, 꿈 그리고 국화〉 역시도 마찬가지입니다. 추상적 의미의 제목보다는 구체성을 가진 제목에서 나와 삶, 사회의 연계성을 가집니다

> 선생님 작품은 매 작품마다 주제와 연결된 움직임이 독특한 것 같아요. 주제에 따른 움직임을 어떻게 찾아내십니까.

어쩌면 주제와 직결되는 소품으로부터 주제와 연결된 움직임을 찾아내는지도 모릅니다. 〈아듀 마이 러브〉에서 제가 느낀 심적 부담을 상징화한 오브제가 큰 상*입니다. 이 상의 크기와 무게를 이용해서 움직임을 발견해냈습니다. 또 〈아모레, 아모레 미오〉에서 사랑의 상징인 컵을 무대에 올려놓고 이 컵을 이용한 다양한 움직임을 무용수들로부터 뽑아냈듯이 말입니다. 그러나 각 작품마다 주제적 움직임 또는 작품의 색깔 등 큰 밑그림은 같고 말입니다.

> 선생님 작품에 일관되게 느껴지는 게 삶에 대한 강렬한 의지에요. 다시 말해서 선생님 작품에는 항상 치열한 인간의 실존이 있는 것 같습니다. 선생님이 작품에서 찾아내려는, 낱낱이 해부하려는 인간의 삶, 그 실존이 무엇입니까.

인간의 삶에 있어 그 '핵'이라고 할 수 있는 것은 바로 '모순'이 아닐까 합니다. 무대 위에서 자유로이 작품 세계를 펼치는 예술 가임에도 불구하고, 나 역시 사회라고 불러도 좋을 어떠한 커다란 힘에 휩쓸려 살아가는 미물에 지나지 않습니다. 두 사람의 운명이 하나 되는 결혼이지만, 결국은 서로 다른 남녀가 맞추며 살아가는 것입니다. 무용수로서의 은퇴를 기리며 만든 작품이 〈아듀 마이 러브〉이지만, 외려 그 작품 덕분에 무대에 더 많이 서게 되었습니다. 이렇듯 우리의 삶을 구성하고 있는 많은 요소들은 글자 그대로 볼 수 없도록 정반대의 요소를 끌어안고 있는 경우가 태반입니다. 이러한 모순이야말로, 인간 삶의 정수가 아닐까 생각해봅니다.

사람살이의 핵심에 있는 모순, 그것을 선생님 창작에너지의 원천으로 봐도 되는 겁니까.

저는 본래 비판적 목소리가 그리 크지 않습니다. 그렇다고 누구한테 쉽게 의기투합하지도 않습니다. 하지만 그렇게 주변과 일정한 거리를 두고 스스로 자문하며 반성적으로 살기에 그렇게 무디지는 않은 것 같습니다. 작가는 작품을 통해 말할 수밖에 없습니다. 〈약속하시겠습니까〉 등 몇 개의 작품에서 모순적 사회모습을 모티브로 삼았습니다만 모든 작품에서 사회적 모순을 주제로 한 것은 아닙니다. 인간내부의 심리적 괴리, 갈등, 그리고 인간관계에서의 부조리함 등 모순의 개념을 철학적으로 확대한다면 모순적 인간의 본질적 부조리함은 예술 창작의 영원한 주제의 하나겠지요.

그리고 또 선생님 작품에서 **빼놓을** 수 없는 게 모든 것을 툭 던지

← 〈아듀, 마이 러브〉

는 체념의 미학입니다. 선생님의 작품을 보면 강렬한 삶의 대비가 전개되다가 마지막에 전혀 다른 반전으로 끝납니다. 밑도 끝도 없이 끝나는 프랑스 영화가 아니라 귀에 익은 대중적 음악이나 기호, 상징을 이용하여 전혀 다른 반전을 시도합니다. 이 같은 반전은 얼핏 세상 모든 것이 부질없다는 니힐리즘, 허무주의마저도 느끼게 합니다. 선생님의 반전의 철학은 무엇입니까. 허무주의와도 관련이 있나요.

제 작품에 대해 많은 분들이 허무주의가 저변에 흐른다고 말씀하십니다. 저는 사실 의도적인 반전을 고려합니다. 작품을 이끌어나가는 것은 역시 속도, 호흡, 에너지의 흐름입니다. 작품을 구성하는 데 있어서 최고의 화두는 단연 '어떻게, 어떤 흐름으로 진행해나가느냐' 하는 것인데 관객의 입장에 서서 이 부분은 이 정도의 흐름으로 갔다면 다음 부분은 어떠한 힘과 리듬으로 받아칠까를 많이 생각합니다. 또 하나는 평소에 꽤나 말이 없는 편이라, 작품을 통해서만 원하는 바를 외치게 되는 것 같습니다. 조용한 겉모습이라고 다들 얘기하나 사실 저는 하늘아래 별 새로울 게 있겠나 하는 예술가답지 않은 여유에서 작품만은 계획적이어야 하기 때문에 일상과 작품 사이에서 반전적인 요소를 띄게끔 하는 것일 수도 있다는 얘기입니다. 돌이켜보면 얕은 수작에 불과하지 않나 느껴질 때도 있습니다.

작품의 전체적 특징에 대해 말이 나온 김에 말씀드리면 선생님의 무대는 단순하면서도 작품과 긴밀하게 연결돼있습니다. 무대를 그냥 무대미술가에 맡기는 것이 아니라 선생님이 무대를 구성하시는 데 이와 관련 어떤 일관된 철학, 또는 전략이 있는 것 같습니다.

중고등학교 때 미술을 전공하고 싶은 마음이 있었던지라 무대미술과 세트에 예민한 편입니다. 무대를 구성할 때는 작품의 전체적인 컬러를 상기해 무대미술과 오브제를 결정합니다. 또 이를 결코 장식으로 두는 것이 아니라 최대한 활용하며, 이에 의한 움직임과 또 다른 시각이 제공될 수 있어야만 무대에 올립니다.

아울러 작품과 무대의 밸런스는 물론이거니와 작품과 작품 사이의 관계도 염두에 둡니다. 여러 작품을 한 무대에 올리는 경우, 모든 작품을 똑같은 위치에서 공연하여 관객을 압박하지는 않습니다.

또 주제와, 주제가 지니는 성격 또한 무대의 셰이프Shape, 형태를 결정하는데 큰 영향을 미칩니다. 가령 〈약속하시겠습니까〉와 같은 경우 발언대의 상징으로써 사각형을 선택하고, 또 그 발언대에서 이루어지는 약속과 표명들에 대한 비판적인 시각이 경사를 만들었습니다. 이렇듯 설정의 이유, 존재의 이유가 없는 것은 허락할 수 없습니다.

> 음악은 무용의 대본이라고 말하기도 합니다. 모든 작품이 다 똑같지는 않겠지만 대체적으로 선생님 작품에서 음악은 어떻게 자리를 차지합니까.

그것은 경우에 따라 다릅니다. 간혹 작품에 있어 꼭 사용하고자 하는 음악이 있을 때는 그 음악이 가장 돋보이도록, 다른 음악이 대조적으로 약해야만 합니다. 또 그 음악이 가장 적절한 시간대에 등장해야만 합니다. 심리학을 하고 싶었던 제 안의 잠재성 탓인지, 관객의 마음을 때릴 수 있는 음악과 타이밍을 찾아

적절하게 구성하려 노력합니다.

현대무용에서는 음악도 현대음악을 많이 사용하는 것 같습니다. 하지만 일부에서는 '현대음악은 죽었다'라고 말할 정도로 현대음악이 대중과 유리돼 있는 것도 사실입니다. 선생님은 현대음악도 사용하시지만 귀에 익은 아름다운 클래식 또는 선율과 화성이 있는 편집 음악을 선호하며 특히 귀에 익숙한 대중가요를 집어넣어 관객들을 작품에 몰입시키는 경우가 많은 것 같습니다. 이 같이 감상하기 좋은 음악을 사용하고, 특히 대중적인 음악도 과감히 사용하시는 배경은 무엇입니까.

먼저, 대중적인 음악을 사용하는 것이 꼭 대중을 의식해서는 아닙니다. 그보다는 상황에 걸맞기 때문입니다. 현대무용이기에 꼭 현대음악, 더 나아가 전위적인 음악을 사용해야 한다는 경직된 사고방식에 갇힐 생각이 없기에 음악 선택의 폭이 다양해진다고 생각합니다. 그렇다고 또 현대음악을 배제하는 것은 아니고 저 스스로가 계산된 작업, 이성적인 작업, 논리적인 구성과 방법을 선호하는 편이기에 스티브 라이히Steve Reich 외에도 많은 현대음악가의 음악을 사용합니다. 작품에 따라 주제곡을 정한 다음에는 어떤 곡을 어떻게 추가 혹은 절개할지 그건 감각에 의한 것이지요.

대중이라는 말이 나온 김에 말씀을 드리면 선생님의 작품은 절대 대중적이라고 할 수는 없습니다. 하지만 한국 현대무용 작품에서 선생님의 작품은 가장 대중적 인기가 높은 작품 가운데 하나입니다. 간단히 말해 관객들이 보기에 재미가 있다는 거지요. 선생님 작품에서 춤의 재미는 무엇일까요. 또 재미있는 춤을 위해 어떤 작업을

〈나팔꽃이 피었습니까〉 →

하십니까.

한국(전통)춤에서는 호흡을 어떻게 유지하고 끌고 가는 것이 가장 중요한 요소라고 말합니다. 이를 서양적으로 말한다면 속도와 리듬을 어떻게 가져가느냐와 마찬가지일 겁니다. 아마 관객들이 제 작품을 재미있게 봤다면 첫 번째가 제가 만드는 오브제, 무대미술일 겁니다. 그리고 다음이 춤을 끌고 가는 리듬과 속도겠지요. 제가 만드는 오브제, 무대미술은 색감이나 형태가 단순히 무대에서 존재하는 것으로 끝나지 않습니다. 비욘드 익스펙테이션Beyond expectation, 무언가 사람들이 생각하는 이상의 것을 시도합니다. 그래야 그들이 고개를 돌리지 않겠습니까. 그런 비욘드 익스펙테이션을 생각하며 속도와 리듬에 신경을 많이 씁니다. 말을 끝없이 하는 것 보다 잠시 멈춰 관객들을 바라보며 생각할 시간을 주고 다시 강하거나 또는 아주 약하게 하거나, 아니면 아예 끝내버리거나 하는 것이 듣는 사람을 더 귀 기울이게 합니다. 놀람과 반전의 강렬함도 있겠지만 그대로 밀고 나갈 수도 있지요. 그런 의외의 무대, 속도감과 리듬감 때문에 관객들이 제 작품에 재미를 느끼는 것도 같습니다. 저는 관객의 그런 기대치에 부응하기 위해 결정적 순간에 춤으로 갈까, 소리로 갈까 등 그런 것에 대해 많이 생각합니다.

관객의 기대를 넘어서는 무대구성과 속도감, 리듬감이 선생님의 춤 재미의 본질이라는 말씀으로 들립니다.

포스트모더니즘 시대에 모든 것에 의미가 있을 필요는 없습니다. 저는 학생들에게 강의하며 관객들이 너를 왜 보겠는지에 대해 생각을 하라고 강조합니다. 최소한 그런 정도의 생각을 갖고 춤을 춰야 관객들이 무대에 눈길을 주겠지요. 이를 위해 치밀한 계산이 필요하다는 것이 제 경험입니다. 어떤 방법, 무엇이든지 관객의 가슴을 움직여야 합니다. 즉, 어떤 의미에서든지 감동을 주어야 하는 겁니다.

> 선생님의 작품은 데뷔작 〈안식각〉 이후 1987년 〈얼굴 찾기〉, 1990년 영국 유학 이후 발표한 1991년 작품 〈객〉, 2002년 〈What's going on?〉, 그리고 2010년 발표한 〈아모레, 아모레 미오〉가 선생님 작품 경향에 한 경계를 이루는 작품인 것 같습니다.

80년대는 모종의 자아 찾기라 할 수 있습니다. 90년대 초 영국에서 돌아온 다음부터는 매우 편안하고 서정적인, 자연적인 작품을 추구했습니다. 그리고 그 다음부터 여성성과 페미니즘적 성향을 읽을 수 있는 〈암꽃〉, 〈나팔꽃〉, 〈봄날은 갈까…〉와 같은 작품을 올렸습니다. 뒤이어 수학적 논리와 방법을 시도한 것이 〈What's going on〉과 〈반갑습니까〉, 〈가지마세요〉 등입니다.

〈아모레, 아모레 미오〉는 완전히 다른 메소드를 시도한 것으로, 나에게 적합한 작업방식을 찾는 것은 아직도 저의 숙제입니다.

> 〈얼굴 찾기〉는 선생님이 처음으로 안무한 군무작품으로 선생님 안무의 완성작으로 평가됩니다. 〈안식각〉에서 〈얼굴 찾기〉에 이르기까지 선생님 안무 작업에서 가장 큰 고민은 무엇이었습니까.

1980년대 작품은 이미 언급했듯 자아 즉, 정체성[Identity]에 관한 젊은 시절의 고민에서 나온 것들입니다. 집단과 나의 관계, 나와 타인의 관계 등등에 대한 모색이 이 작품들을 하는 데 있어 핵심적인 축이 되어주었습니다.

〈얼굴 찾기〉가 어떤 작품인지 설명해주십시오. 주제는 무엇이었고 안무적 특징은 어떤 것이었으며, 무대와 음악, 의상은 어떻게 만드셨는지요.

지금의 시각에서 보면 부끄럽기 짝이 없는 작품입니다. 제목 그대로 정체성에 관한 … 집단과 집단, 집단과 개인, 개인과 개인 등 속에서 '나'란 과연 누구인가를 찾는 이야기입니다. 안무의 특징이라고까지 말할 수도 없지만 굳이 꼽자면 당시는 남성 무용수의 부재가 컸던 시절이기에 남성 무용수의 역할을 대신할 수 있는 비전을 제시하고자 했고, 늘 시도하고 싶었던 시어터 Theater적 요소 등을 사용하였습니다.

무용제였기 때문에 음악을 작곡하여 사용하였는데 지금도 그 음악을 별로 마음에 들어 하는 편은 아니며, 무대미술, 특히 의상에 있어서도 썩 선호하는 작품은 아닙니다.

주로 저와 제가 믿는 감각을 지닌 주변 무용가들과 함께 머리를 맞대어 의견을 나누고 스텝들과는 제작과 기술적 문제를 해결하는 것이 훨씬 바람직하고 저에게 적합하다고 생각합니다.

이후 〈객〉을 만들기까지 나온 작품이 〈눈물 꽃〉(1988), 〈세 가지 향을 위한 변주〉(1988), 〈소리 10-떠도는 노래〉(1989), 〈유리알 유희〉(1989), 〈예감〉(1989) 등 입니다. 〈얼굴 찾기〉 이후 〈객〉까지 선생님 작품의 고민이 무엇이었는지 말씀해주십시오. 주로 감성

적인 고민이 느껴지는 데요.

이 중 〈눈물 꽃〉, 〈세 가지 향을 위한 변주〉, 〈유리알 유희〉 등은 서울예고 재직 시절 학생들에게 어울리는 작품을 하기 위해 만든 아름다운, 순수한 장면 연출에 치중한 작품들입니다. 〈예감〉, 〈얼굴 찾기〉 등은 저의 실존에 관한 것이었으며 영국에 다녀온 이후에는 자연과 자연의 현상, 섭리, 그 속에 묻혀가는 인간 존재 등을 다루었습니다.

1990년 영국 유학 이후 선생님의 작품은 물론 세계관이 바뀐 것 같습니다. 무슨 사건이, 무슨 공부가 선생님의 세계관을 변화시켰나요.

'세계관의 변화' 라는 말은 지나친 표현이고, '무용관의 변화' 라는 말이 맞을 것 같습니다. 예고에 재직하던 시절, '지금 변화를 갖지 않으면 이런 식으로 안주하겠다 싶어 지금 예술위원회로 바뀐 문예진흥원에 해외연수지원서를 냈습니다. 그때는 일 년에 한 명씩만 뽑았는데 운이 좋게 제게 기회가 왔고, 그 덕에 휴직을 할 수 있는 이유가 생겼고 재충전의 시간을 가질 수 있었습니다. 지금은 휴식과 재충전의 시간이라고 표현을 했지만, 선정 당시에는 책임감이 막중하다 못해 과중한 지경이었습니다. 런던 컨템포러리 학교에 다니면서 무언가 눈이 번쩍 뜨일만한 것을 찾고자 했는데 그런 게 없어서 매 수업마다 '이게 아니다', '여기가 아니다', '뉴욕으로 가야 하나? 아니면 프랑스?' 이런 생각을 했습니다. 한국에 돌아온 이후 사람들의 기대치가 걱정이 되었던 겁니다. 무엇이라도 배워가서 보여주어야 하는데…. 그렇게 초조한 심정으로 2~3달을 보냈습니다. 그러던 어느 날 제 생각이 어리석고 한심하다는 사실을 알게 되었습니다. 배운 것,

→ 앞 페이지 〈가지마세요〉

특히 움직임에 있어 배운 것을 그대로 카피해서 보여주는 것은 아무런 의미가 없다는 사실을 깨닫게 된 것입니다. 당시 우리 현대무용은 움직임이 다양하지 않았기에 이러한 생각을 가지게 된 것입니다. 그리고 이는 어쩌면 다른 사람들의 경우 이미 그 시점쯤이면 알고 있었을지 모릅니다. 이러한 마음의 변화를 가진 다음부터 '여기서의 배움은 단지 재료일 뿐이다', '다양한 재료를 가지고 어떠한 것을 만들어내는 것은 내 몫이다' 라는 생각을 가지고 평정을 되찾을 수 있었습니다. 이후 그곳의 여유로움을 즐기고 또 배울 수 있었습니다. 이러한 영향을 받고 돌아와 만든 작품이 바로, 〈객〉입니다.

> 1990년 영국 유학의 성과는 선생님이 80년대 그렇게 고민했던 자신의 정체성 찾기의 답이 결국은 자신에게 있다는 것을 확인한 것이라고 할 수 있을 것 같습니다. 원효대사가 당나라로 유학을 가다가 해골에 고인 물을 마시고 모든 것은 자신에게 달려있다고 깨달아 신라로 돌아온 고사가 생각나기도 합니다. 모순해결의 열쇠는 런던이나 파리, 뉴욕이 아니라 자신의 마음속에 있는 것이겠습니다.

그렇습니다. 런던 컨템포러리에서 공부를 했는데 수업자체가 초보자의 느낌도 나고, 영어도 쉽지 않고 해서 '이것 안하면 어때' 하는 반문이 끝이 없었습니다. 하지만 제가 하는 일이 늘 그렇듯이 이러는 가운데 무엇이라도 얻어지는 게 있겠지 하는 생각이었어요. 그리고 가장 어려웠던 수업을 다음 학기에 또 들었습니다. 그런데 그 선생님이 "너의 춤을 추어야 한다"고 많이 말씀하셨습니다. 지금 생각하면 당연한 말이지요. 외국에서 새로운 움직임을 배워 국내에 소개한다는 게 정말 어리석은 생각이라는 것을 몸으로, 머릿속으로 비로소 깨달은 겁니다. 누구에게 나를 보여주는 것에 연연하지 말고 전미숙다운 춤, 자기만의 춤을 춰야 한다는 그 사실 남들은 벌써 안 것을 나는 그제야 안 거지요.

1991년 발표한 〈객〉은 영국 유학이후 선생님의 작품의 변화를 분명히 보여준 작품으로 평가되고 있습니다. 이 작품이후 현실비판이 더욱 가열해졌다고 말하기도 합니다. 〈객〉과 함께 〈웨딩탱고〉(1991), 〈58년 개띠〉(1993), 〈개,꿈,국화〉(1995), 〈아듀, 마이 러브〉(2001)가 이 시기의 대표작으로 평가됩니다. 이들 작품을 설명하며 〈객〉부터 〈아듀, 마이 러브〉까지 작품 만들기의 고민과 작품 전개에 대해 말씀해주십시오.

〈웨딩탱고〉, 〈58년 개띠〉 등 저의 솔로 작품은 주로 자전적인 이야기들입니다. 〈웨딩탱고〉는 제목 그대로 결혼생활의 단면들을 박자의 당김과 늦춤, 비틀림과 꺾임, 두 사람 사이의 간격, 시작과 휴지 등을 가지고 만든 작품입니다. 〈58년 개띠〉, 그리고 〈개, 꿈, 그리고 국화〉는 발전을 위한 쉼 없는 달림 등 58년 생들이 맞이했을 사회적 분위기를 나에 비추어 본 작품이며, 그렇게 개같이 달리다 꿈꾸며 지는(죽는) 세상에 대한 냉소적 사회비판입니다. 〈아듀 마이러브〉의 경우, 춤추기와 작별하고자 하는 춤꾼의 이야기인 동시에 상과 천 같은 오브제에 의한 움직임 개발과 대담한 비주얼 제공에 역점을 둔 작품입니다.

2002년 발표한 〈What's going on?〉 이후 선생님의 무브먼트는 더욱 수학적이고 논리적이 됐다는 평가입니다. 〈What's going on?〉의 안무전략에 대해 말씀해주십시오.

〈What's going on?〉의 초연은 미 서부지역의 순회공연이었습니다. 그래서 염두에 둔 것은 첫째가 이동하기에 용이할 것, 둘째가 미국적 모색, 특히 다이나믹한 신체적 역동성과, 셋째가 이에 더할 수 있는 한국적 특색이었습니다. 이 작품의 주요 모티브인 공은 욕망과 물질의 덩어리입니다. 이 같은 오브제를 통한 주제의 접근, 이(오브제)의 집요한 이용, 예상을 넘어서는 오브제에 대한 아이디어, 그리고 그 아이디어와 주제의 연관성 등에 안무의 주안점을 두었습니다. 자랑 같아 쑥스럽기는 하지만 매우 성공적인 반응을 얻은 작품입니다.

〈What's going on?〉 이후 두 가지 연작 시리즈가 진행됐습니다. 〈나팔꽃이 피었습니까?〉(2002), 〈봄날은 갈까…〉(2004), 〈반·갑·습·니·까〉(2005), 〈약속 하시겠습니까…〉(2009) 등 일련의 〈까?〉시리즈와 〈묻지마세요〉(2006), 〈가지마세요〉(2006) 등과 같은 〈요〉시리즈입니다. 이들 시리즈는 상당히 시니컬하면서 쿨하게 현실을 비판하며 감성과 이성을 적절히 조화시켜 전미숙 무용의 정수를 보여주고 있습니다. 안무 구상 등 이들 작품의 간단한 설명과 함께 이들 작품을 통해 선생님이 관객과 교감하고 싶었던 것에 대해 말씀해주십시오.

〈나팔꽃〉과 〈봄날은 갈까〉의 솔로는 중년을 맞이한 여성의 심리적, 신체적 현상을 나 스스로에게 질문하며 공감대를 형성하고자 했습니다. 〈반·갑·습·니·까〉, 〈묻지마세요〉는 늘 고민해왔던 문제인 나다운 안무 메소드를 탐색하는 과정에서 광기나 천재적 영감이 없는 나 스스로의 예술적 감성과 가장 나다운 안무방법 찾기 등 나 자신에게 질문하며 만든 것입니다. 지극히 수학적, 논리적인 구성방식에 대한 모색을 통해 차가운 인간의 속

성을 보여주는 데 몰두한 작품이라고 생각합니다.

지난해 발표한 〈아모레, 아모레 미오〉는 선생님의 기존 작품과 전혀 다른 작품으로 생각됩니다. 우선 선생님의 과감한 도전이 놀랍습니다. 이 같은 도전의지의 배경이 무엇입니까.

우선은 기존의 춤사위를 버리고 싶었고, 특히 무용수로 함께한 LDP 무용단이 남긴 우리학교의 상징적 스타일, 춤 취향을 바꾸고 싶었습니다. 모든 예술의 화두인 사랑 이야기를 무언가 엄청난 특별함이나 스펙터클 없이, 작은 것에서부터 기억을 끄집어내어 관객의 사랑 이야기를 건드리고 싶었습니다. 또 이 이야기를 전달하는 무용수 개개인의 퍼스낼리티^{Personality}를 통해 무용수 개개인의 장점을 최대한 끌어내고 풀어나가고자 했습니다.

〈아모레, 아모레 미오〉에서 선생님이 관객들과 공유하고 싶었던 핵심은 무엇이었습니까.

우리 삶에 있어 가장 큰 화두이며, 누구나 다루는 흔하디 흔한 주제인 사랑이야기를 저마다 내재해있는 경험과 기억을 통해 무용수와 함께 공유해나간다. 그리고 상처, 깨지기 쉬운 두려움이 모든 것들을 주워담아 과다한 감정의 표출 없이 툭툭 관객에게 던지는 것입니다. 그 '사랑'이 지닌 무한한 포용성, 그 엄청난 다양성을 노래하고 싶었습니다. 작품을 보면서 관객들이 나의 생각과 이해가 아닌 자신의 머릿속에 있는 지나간 사랑의 기억과 이야기를 끄집어내 자신의 이야기로 작품을 채워나가도록 하고 싶었습니다.

→ 앞 페이지 〈What's going on?〉

〈아모레, 아모레 미오〉가 2009년 숨진 독일 무용가 피나 바우시를 추모하는 작품이었습니다. 그의 어떤 점이 선생님으로 하여금 추모 작품을 만들게 했습니까.

무용에 대한 시각과 개념을 바꾸고 사조와 판도를 뒤짚어 놓은 그녀의 위대함에 존경과 경이를 표하고 싶었습니다. 또 그녀의 조용하지만 날카로운 그리고, 굳이 드려내려 하지 않지만 폭발 적인 힘이 경이로울 따름입니다. 그러한 인물이 세상을 빨리 떠 났다는 게 안타까울 뿐 입니다.

피나 바우시 말고 선생님께 영향을 끼친 국내외 무용가들은 누구 입니까.

영향을 끼쳤다기보다는 제 나름 높이평가하고 싶은 안무가는 안 은미와 안성수를 꼽을 수 있을 것 같습니다. 안은미의 천재적 감각, 그리고 안무 메소드에 변화를 주기 위한 그녀의 끊임없는 노력, 그녀 자신에 대한 가감 없는 반성과 고민이 대단하고요. 또 안성수의 집요함과 세련된 음악 해석 그리고 두 사람 모두의 절대로 타협하지 않고 자신의 길을 가는 고집스러운 면모를 높 이 사고 싶습니다.

안은미 선생은 전 선생님의 제자 아닙니까? 가르친 제자가 자신에 게 가장 영향을 끼친 무용가 중의 한 명이라고 말하는 것이 결코 쉽 지는 않은 일인데요.

더 많은 훌륭한 선생님들이 계시겠지만 제가 잘 모르기 때문에 감히 언급하긴 그렇고요 곁에서 오래 봐왔던 안은미의 재능과

노력을 말씀 드리는 것입니다. 안은미와의 인연은 선생과 제자로 만났습니다만 제자라고 하기에는 쑥스럽습니다만 안 선생을 가르칠 때 '저런 학생은 정말 10년에 하나 나올까 말까 하겠다' 라는 생각을 갖게 했습니다. 그러나 지금은 '몇십 년이 지나도 나오기 힘들겠다' 는 생각이 듭니다. 타고난 아이디어와 열정 등등은 정말 안은미 아니면 나올 수 없는 것들입니다. 감히 천재라는 말을 써도 될 것 같습니다. 이사도라 덩컨이 그 옛날 음악, 건축, 미술 등 많은 주위의 예술가들에게 영향을 미쳤는데 한국 무용에서 그 만큼 다른 장르와 활발히 교류하며 영향을 미칠 수 있는 무용가는 안은미라 해도 과언이 아닐 것 입니다.

> 선생님 작품을 보다보면 가장 인상적인 것 중 하나가 엄청난 힘. 에너지예요. 그 작은 몸에서 어떻게 그런 에너지가 뿜어져 나오는지 놀랍습니다. 선생님 춤 에너지, 그 강력한 힘의 원천이 무엇이라고 생각하시나요.

그렇게 느끼신다면 타고난 천성이겠지요. 일반적인 여성성보다는 중성적인 힘 혹은 시아버지의 말을 빌리자면 남자들보다 그릇이 크다고 하데요. 스케일이 무척 크다는 말을 많이 듣습니다. 예를 들어 예술의전당 분수대는 시민들에게 인기가 좋은 명물입니다. 하지만 제가 구상했다면 저는 지금의 자리부터 시작해 모차르트 식당을 넘어 서예관까지 쭉 끌고 갔을 겁니다. 평범한 시각적 크기로는 감동을 주기 쉽지 않습니다. 그런 일반의 상상을 넘어서는 규모를 보고 제 작품에서 힘을 느끼는 분들이 많은 것 같습니다. 또 하나는 끊임없는 자기비하에 시달리며 제 작품을 찾는 사람의 기대에 부응하기 위해, 그 기대를 넘어서는 작품을 만들기 위해 고민하는 책임감에서 나오는 것일지

← 〈묻지마세요〉

도 모르겠습니다.

자기비하라고 말씀하셨는데 그런 무한겸손이 결벽증처럼도 느껴집니다.

저는 욕심이 없지만 만족도, 성취도는 쉽지 않습니다. 만족도와 기대치 모두가 다른 관객들에게 이 정도는 보여줘야지 하는 책임감이 늘 저를 억누릅니다. 작품을 하면 우선 제가 보기에 가치가 있어야 합니다. 그래서 항상 이번 작품에는 이런 도전을 하겠다는 자그마한 목표를 세워둡니다. 돈 주고 보러 오는데 아깝지는 않게 해야 되는 것 아니겠습니까. 또 제가 제작비 들여서 사람들 불러놓고 평가절하될 수는 없습니다. 제 작업을 찾은 분들에게 어떠한 의미에서던지 감동과 마음의 움직임을 갖게 하고 싶다는 그런 책임감입니다.

한국예술종합학교 무용원 출신으로 구성된 LDP무용단에 대해 언급하자면… LDP의 경우 안무가가 원하는 대로 신체적 기술이 폭 넓고 자유스러우며 작품에 임하는 프로적 근성 등등이 국내 최고의 무용단으로 평가되고 있습니다. 현대무용에서 주제와 의미, 표현이 중시되지만 역시 무용수의 기량은 훌륭한 작품의 가장 중요한 요소로 생각됩니다. 때문에 요즘 무용수의 기량이 과거보다 경시되고 있는 경향도 없지 않은 데 무용수의 기량이 작품의 완성도에 어떻게 중요한지 말씀해주십시오.

무용수의 기량은 영화에 있어 배우의 연기력과 같습니다. 허나 무엇이 중요한지는 시대적 흐름에 따라 그 경중이 달라진다고 생각합니다.

앞으로 선생님의 작업방향은 어떻게 전망할 수 있을까요. 〈아모레, 아모레 미오〉와 같이 서사적인 대작위주로 가실 것인지, 아니면 〈까〉시리즈나 〈요〉시리즈처럼 종래의 방법을 고수하며 작고 깊은 무대로 갈까요.

저도 모르겠습니다. 늘 병적으로 자기를 비하하는 측면도 있는지라 무엇을 확고하게 정하지는 못했습니다. 아직까지도 적절한 안무 메소드 찾기는 제게 남겨진 숙제입니다.

우문입니다. 춤은 왜 출까요. 이 시대에 우리가 춤추는 이유가 무엇일까요.

너무 어려운 질문입니다. 춤이 무엇이냐는 본질적인 질문인데 그 정의는 시대 상황에 따라, 말하는 사람의 가치관에 따라 다 다릅니다. 굳이 말씀드리면 저는 춤은 사람의 가장 원초적인 욕구의 하나라고 봅니다. 물론 저는 분명 (원초적 본능으로 춤을 추는) 그런 류의 사람이 아닙니다. 그런데 제 작품을 보고 너무 공감하며 신명내는 사람을 가끔 봅니다. 저와 전혀 관련이 없는 분이고 이 가운데는 심지어 현대 춤 공연을 처음 본 분들도 있습니다. 그런 것을 보면서 사람들이 뭔가 움직이고 싶어 하고, 자기 몸에 대한 발산 욕구가 있구나하고 생각하게 됩니다. 그런 인간의 원초적 욕구 때문에 춤은 끊임없이 진행될 수밖에 없다고 생각합니다.

우문을 하나 더 추가하겠습니다. 선생님은 왜 춤을 추시나요.

운명인가 봐요. 누차 말씀드렸다시피 저는 답이 있는 것을 좋아합니다. 명확한 답이 없는 무용, 예술 등 이런 종류의 일을 사실은 좋아하지 않습니다. 그래서 작품을 만드는 것 보다는 춤을 추는 것, 그 보다는 가르치는 일이 더 맞는 건가 고민하며 대학원도 교육대학원으로 진학했지요. 그렇게 피하고 싶었던 길인데 이렇게 하고 있는 것을 보면 운명이라고밖에 달리 할 말이 없습니다. 그래서 어차피 이것이 나의 운명이라면 제대로 해야 하고 잘해야 하며 행하고 있는 이유가 혹은 가치가 있어야 한다고 생각합니다. 그런 마음으로 작업하고 일하고 춤추고 있습니다.

선생님의 창작의 원천은 부끄러움이라는 생각도 듭니다. 남들에게 창피하지 않기 위해 끊임없이 채찍질하며 깎아내는 그 결벽증이 선생님 작품의 예술적 완결성을 추구하는 동력 같습니다.

그럴지도 모르겠습니다. 일단 무용가로서 작품을 만들어 내는 제 책임을 다해야 하잖아요. 또 작품을 보러 오는 사람들의 발걸음에 대한 책임감도 있지요. 이와 함께 제가 가르치는 학생들에 대한 책임감도 큽니다. 선생으로서 학생들에게 부끄럽지 않아야 하잖아요. 그런 책임감으로 보는 사람의 기대를 넘어서는 작품을 만들기 위해 끊임없이 반성하고 고민하고 있습니다.

21세기 현대무용에서 가장 중요한 것이 무엇일까요. 더 이상 자유스러울 수 없는 파괴와 해체, 크로스오버가 진행되고 있는 상황에서 21세기 한국 현대무용이 지향해나갈 바는 무엇일까요. 원칙론적 입장과 함께 차별화랄지, 틈새시장이랄지 전략적 모색에 대해서도 말씀해주십시오.

실제로 장르간의 파괴, 융합에 대해 왈가왈부하는 것은 이제 구시대적 발상이라 할 수 있을 정도로 보편화된 일입니다. 한발 더 나아가 새로이 개발되는 테크놀로지가 무용에 도입되어 관객의 경험을 적극적으로 보강하는 수준에까지 이르렀습니다. 이렇게 '관람'이라는 경험을 총체적으로 재편하고 있는 세계적 추세에 뒤지지 않으려는 노력이 필요하다고 생각됩니다. 우리나라가 또 '신기술' 하면 빠지지 않는 나라 아닙니까. 또 이를 통해 관객에게 한 걸음 더 나아갈 수 있다고도 생각합니다.

차별화 전략이라 하면 세계적 추세를 따라가되 한국적 색깔을 입히는 것, 한국인이 아니면 할 수 없는 무언가를 찾아내는 것 아닐까 합니다. 이것은 한국의 설화가 될 수도 있고, 한국인의 신체가 될 수도 있고, 그 어떤 것도 될 수 있습니다. 하지만 이것이 허언은 아니라는 것은 최근 한국 공연예술의 선전으로부터 확인하실 수 있으리라 생각합니다.

저는 특별히 한국적인 것을 지향하는 작품을 만들지는 않습니다만 저에게 스스로 한국적 정서가 보여지기를 희망합니다.

반·갑·습·니·까

2005년 3월 12~13일 LG아트센터

현대의 자폐적 상황을 발작적인 힘과 스피드를 중심으로 풀어
낸 작품이다.

〈반·갑·습·니·까〉라는 제목은 자폐적인 느낌으로 읽힌다. 한
글자 한 글자를 아주 힘겹게 발음하면서 상대방에 대한 경계와
기대, 허무, 냉소 같은 것이 느껴진다. 그 느낌을 아주 빠르고
반복적인 경기痙氣와 발작으로, 때때로 자학적으로 그려냈다. 자
신의 내면을 제대로 끌어내지 못해 고통 받는 모습이 역연 하
다. 단단하게 응어리진 추상이 무용수들의 뛰어난 기량에 대담
하게 얹혀졌다. 힘과 속도, 균형의 테크닉이 놀랍다. 마지막에
공중에서 내려온 찢어진 천장과 에디트 피아프의 '나는 아무 것
도 후회하지 않아' Je ne regrette rien는 묘한 울림을 준다. 흥겨우면
서도 페이소스가 있는 대중음악은 관객과 소통하고 싶은 안무

자의 수줍으면서도 강한 의지를 느끼게 한다.

하나 아쉬운 점은 현대무용단 '탐'의 모습이 겹쳐진다는 점이다. 안무자가 탐을 중심으로 활동을 해와 쉽게 벗어날 수 없겠지만 분명 다른 무용수에게서 비슷한 느낌이 나면 둘 모두에게 좋지 않을 것 같다. 그래서인지 자폐성에서, 또 현실에 대한 저항의 형태에서 어떤 상투성이 느껴지기도 했다.

전미숙의
울지마세요

<u>2010년 7월 1~3일 아르코예술극장 대극장</u>

2001년 초연해 2006, 2007, 그리고 2009년까지 4차례 공연한 전미숙 교수의 고정 레퍼토리 〈아듀, 마이 러브〉와 신작 〈아모레, 아모레 미오〉 두 작품으로 구성된 피나 바우시 헌정무대다. 암전 없이 검은색과 붉은색 투톤의 〈아듀, 마이 러브〉와 흰색 톤의 〈아모레, 아모레 미오〉. 색 다른 두 작품을 하나로 매끄럽게 이어간 무대 연결이 신선했다. 솔로와 군무, 뜨거운 정열과 냉정한 유머와 우수, 움직임이 많은 춤과 없는 춤 등 많은 대조를 이룬 두 작품이 구조적으로 잘 붙었다.

〈아듀, 마이 러브〉는 보면 볼수록 새로운 것을 발견케 하는 작품이다. 이 작품은 강렬한 붉은 바탕 위에서 얼핏 평범해 보이는 이미지에 여러 가지 상징과 감정을 숨겨 났다. 우선 제의적 느낌인데 일상적으로 먼저 간 남편, 또는 애인의 제사로도 느껴지고 중년여성의 자기 자신의 청춘에 대한 씁쓸한 제사로, 또 가부장제의 전통에 도전하는 여성주의적 경향도 엿보인다. 이번에는 피나 바우시에 대한 헌정무대라는 점에서 피나 바우시를 위한 제사상이 아닌가하는 생각도 들었다.

무대의 많은 부분을 차지하고 있는 붉은 천 안에 웅크린 채 등장, 천을 무대 가득 펼친 뒤 그 위에서 가녀린 몸으로 혼자 지기는 버거워 보이는 무거운 제사상을 지고 펼쳐내는 이미지와 리듬이 강렬했다. 비스듬한 무대에서 위태롭게 움직이며 온 몸에 에너지를 뽑아 뿌려내는 전미숙의 춤은 정중동靜中動의 거친 리듬이 넘쳐났다. 정靜의 여유와 침잠에서 느리게 스케치를 하고 그 안을 거칠게 채워 나가는 강렬한 동動의 에너지가 검붉은색을 기조로 한 표현주의 그림을 보는 것 같다. 단순한 선이 아니라 면으로, 입체로 다채롭게 차원을 넘어서며 관객에게 이심전심으로 다가서는 것도 재미있다. 그리고 직설적 서사의 대중가요 「댄서의 순정」의 관능적 리듬에 몸을 맡기면서 관객들에게 여유와 웃음을 주다가 마지막에 무대의 천을 확 빼버리는 서프라이징 엔딩은 미적 충격과 함께 삶에 대해 많은 생각을 준다.

신작 〈아모레, 아모레 미오〉는 〈아듀, 마이 러브〉의 붉은 천이 오케스트라 피트로 쑥 빨려나감과 동시에 무대를 둘러싼 검은 천이 바닥으로 뚝 떨어져 좌우로 빠지며 온통 문으로 이뤄진 미니멀한 흰색 톤의 무대가 마치 데이비드 카퍼필드의 마법처럼 드러났다. 객석을 압도하는 '서프라이징 스타팅'이라고 해도 지나치지 않아 보였다.

시각적 충격으로 시작한 미니멀한 무대이지만 정작 사랑의 파편들을 모은 춤의 시작은 유머러스했다. 신창호, 차진엽, 김동규,

김성훈, 김보라 씨 등 한국 최고의 테크니션 자리를 누구에게도 양보하고 싶지 않은 젊은 무용가들이 차례로 등장, 기존의 속도감 넘치고 아크로바틱한 화려한 움직임 대신 전혀 다른 유머와 패러디의 반복적인 일상의 움직임으로 관객을 유쾌하게 했다. 전미숙 교수는 기술적으로 정점에 이른 듯 서로 닮아 가는 상황의 이들 LDP 무용단원에게 중요한 교훈을 주는 것도 같다.

신창호 씨가 냉소적인 것도 같은 일상의 움직임으로 뻣뻣하게 손발을 움직이며 몸을 풀었고, 차진엽 씨가 패션 워킹을 하듯 걸어 나왔다. 사막 뒤에서의 실루엣 움직임도 환상적인 분위기를 보여줬고 김동규 씨의 엉뚱한 뒷모습, 피아노 위에서 움직임도 각각 부조리한 움직임이 조리있게 붙어 있는 듯해 재미있었다. 커피 잔과 받침이 주요 오브제로 쓰였는데 관능적 이미지의 위태위태한 부조리한 모습이 해롤드 핀터의 연극 〈티타임의 정사〉 이미지를 떠올리게도 한다.

무음악에서 클래식, 잡음, 의미 없어 보이는 숫자들을 배경으로 전개되는 별것 아닌 듯한 다양한 몸짓들에서 중독성이 느껴진다. 또 자칫 지루해지는 것을 방지하는 쉬어 가는 장치들도 도처에서 발견된다. 관능적이면서도 백치미가 넘쳐 웃음이 절로 나는 익명성의 엉덩이춤을 비롯해 액션영화 같은 움직임도 재미있고, 피아노 위에서 펼쳐지는 거미 같은 무브먼트는 묘한 관능을 불러일으킨다.

피아노가 연주되는 가운데 그 위를 걸으며 랩이 펼쳐지고, 거기에 맞춰 추는 신창호 씨의 춤도 재미있다. 춤의 다양한 장면 변화와 무브먼트의 핵심고리로 신 씨가 있어 그를 위한 작품이라

← 〈아모레, 아모레 미오〉

는 느낌도 난다.

한국 춤이 어떻게 기술적 한계를 돌파해야 하는지, 상상력의
벽을 어떻게 넘어야 하는지, 춤의 의미를, 동작의 의미를, 어
떻게 확장해야 하는지 다양한 '출구'를 제시했다. 〈아모레,
아모레 미오〉로 시작하는 노래의 제목 「시노 메 모로」^{Sinno Me}
^{Morro (죽어도 좋아)}처럼 감각적이고 아름다운 치명적 사랑의 파편
들을 온갖 형식으로 조각해낸 수작이다.

→ 앞 페이지 〈아듀 마이 러브〉

전미숙의 Edge

2011년 1월 27~28일 아르코예술극장 대극장

요즘은 많이 수그러들었지만 얼마 전까지 '엣지' edge 있다는 말
이 유행했다. 패션의 세계를 그린 한 TV드라마에서 번져 개그
프로그램에까지 등장, '경계' 라는 본래의 의미보다는 '센스 있
다 / 감각 있다 / 멋지다 / 폼 난다' 등의 의미로 사용되는 데 그
유래를 짐작하기 어려웠다. 경계에서 줄타기를 잘해, 또는 경계
의 첨단을 아슬아슬하게 걸으니 멋져 보여 그런지도 모르겠다
고 추측만 해본다.

어쨌든 전미숙은 '엣지 있는' 무용가다. 예술성과 대중성, 주류
의 테크닉과 변두리의 도전, 추상과 구상, 전통과 실험 등 다양
한 양 극단의 경계를 넘나들며 자신의 테크닉과 안무력, 창작
력, 도발적 상상력을 과감하게 발휘하고 있다.

그가 말하고 있는 '엣지' 는 단어의 원래 의미 그대로 '경계' 라
는 뜻의 '엣지' 다. 그는 이번 작품들에 대해 너무 강렬하지 않
으면서도, 성글지도 않은 자신의 '경계' 를 넘나드는 고민의 결

과라고 말하고 있다. 특히 경계로 인한 불편이 아니라 적시에 분명한 경계를 그을 줄 아는 지혜를 기대했다고 부연했다.

2007년 서울무용제 개막작으로 초연했던 〈나는 잠수한다〉는 얼핏 수술복으로 보이는 녹색 원피스를 입은 무용수로 시작했다. 조명의 변화에 따라 녹색은 푸른색으로 보이는 등 의상은 색상의 변화를 통해 의사에 수녀, 해녀 등 객석에 다양한 상상력을 불러 일으켰다.

오케스트라 피트가 올라오며 수조가 떠오르고 고무장갑을 끼는 무용수는 세상을 수술하려는 의사로도 연상되고, 가부장제의 거친 세상에서 헤엄치는 고독한 해녀의 모습으로도 비쳤다. 다양한 이미지의 변화에도 불구, 공통점은 세상에 대한 개조와 저항의 느낌이다.

고무줄놀이와 활쏘기 등 자신을 둘러싸고 있는 환경을 한편으로 즐기면서, 한편으로 극복하려는 의지가 느껴지기도 한다. 타악을 배경으로 한 불규칙적인 경련의 움직임에서는 고통과 함께 불굴의 저항의지가 읽힌다. 클래식음악을 배경으로 한 반복적인 바운스에서는 한계를 넘어선, 경계를 넘어선 안정된 에너지가 느껴지고 비둘기 날갯짓 소리 같은 푸드덕거림은 이제 차안에서 피안으로 떠날 수 있는 편안한 준비가 끝났음을 인식케 하는 것 같다.

유리구두와 고무장갑으로 풍선을 불어 허공으로 날아오르게 한 뿔이 다섯 개 달린 유머러스한 얼굴 모습은 이제는 웃어넘길 수 있는 헛된 속세의 꿈의 상징으로 읽힌다.

〈나는 잠수한다〉 →

현악기와 오르간. 그리고 카스트라토가 협연하는 그레고리안풍 성가를 배경으로 투명한 수조 위를 도는 모습은 물을 막 건너려는 「공무도하가」의 두 번째 구 '공경도하'公境渡河처럼 들린다. 이제는 모든 것을 놓아둘 수 있다는 편안한 체념과 아름다움의 경계에서 수조 속으로 잠수하는 모습은 죽음 이후를 알 수 없다는 점에서 몸서리치는 전율을 경험케 한다. 배경 사막에 비치는 일렁이는 물그림자와 사람 모습에서 그가 어디로 잠수하려는지 알 수 없는 두려움에, 애잔함에 가슴이 아파온다.

2005년 3월 LG아트센터에서 초연한 〈반·갑·습·니·까〉는 현대인의 자폐적 상황을 발작적인 힘과 스피드를 중심으로 멋지게 풀어낸 작품이다. 음절하나하나에 중간점이 찍힌 〈반·갑·습·니·까〉는

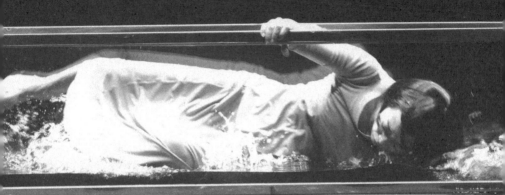

자폐적인 느낌으로 읽힌다. 한 글자 한 글자를 아주 힘겹게 발음하면서 상대방에 대한 경계와 기대, 허무, 냉소 같은 것이 느껴지기 때문이다.

전미숙은 그 느낌을 아주 빠르고 반복적인 경기驚氣와 발작으로, 때때로 자학적으로 그려냈다. 자신의 내면을 제대로 끌어내지 못해 고통 받는 모습이 역연하다. 단단하게 응어리진 추상이 무용수들의 뛰어난 기량에 대담하게 얹혀졌다. 힘과 속도, 균형의 테크닉이 놀랍다. 마지막에 공중에서 내려온 찢어진 천장과 에디트 피아프의 샹송 「나는 아무 것도 후회하지 않아」는 묘한 울림을 준다. 흥겨우면서도 페이소스가 있는 이그조틱한 추억의 노래는 관객과 소통하고 싶은 안무자의 수줍으면서도 강한 의지를 느끼게 한다.

당초 남녀 3인씩 6인으로 안무된 작품이었으나 2011년 7월 이 작품을 초청한 제이콥스 필로우 페스티벌에서 남자무용수들로만 구성된 작품을 원해 남성춤으로 새롭게 안무됐다. 초연의 힘과 테크닉, 관능미의 조화를 느낄 수 없었던 것이 다소 아쉬웠지만 중성적인 지성미로 배가된 강렬한 속도감과 역동미는 또 다른 모던한 춤맛을 준다. 역시 골격이 튼튼한 작품은 어떻게 요리해도 새로운 맛이 나는 것 같다.

2009년 4월 11~12일 아르코예술극장 대극장에서 초연했던 〈약속 하시겠습니까…?〉는 도발적 도전으로 읽힌다. 신에게, 권력자에게, 부자에게. 자신을 억압하는 온갖 외계에 대해 온몸을 던지는 핏빛 외침이다. 그러나 의미는 간단하게 들어오지 않는다. '약속'과 '하시겠습니까'를 떼어놓고, 또 '약속'을 크

← 〈약속하시겠습니까〉

게 쓰고 끝에 말줄임표까지 붙여 여러 가지 의문과 해석을 던진다.

전면에 비스듬히 놓인 정사각형 경사무대는 위태로워 보인다. 거기서 떨어지지 않기 위해 안간힘을 쓰는 움직임이 애처롭다. 또 뛰어 달아나려 해도 막아서는 검은 힘에 속수무책이다. 원심력과 구심력의 균형점을 절묘하게 잡아냈다. 눈을 딱 감고 뒤로 넘어져도 받아쳐 오르는 반작용은 죽으려 해도 죽지 못하는 지독한 운명의 끈처럼 보이기도 한다. 마지막에 떠오름은 출구 없는 세상에서 유일한 탈출구일까. 위태로운 경사에서 번뜩이는 속도감으로 좌충우돌 하다가 돌연 발생한 무중력의 비상은 아스라한 극락인지, 아니면 체념한 휴거의 응시인지 알 길이 없다. 위태로움 속에서 뾰족한 침으로 자신은 물론 온 세상을 찌르면서 안무자가 요구한 '약속'은 과연 무엇일까 궁금하다. '상식에 대한 근엄한 비웃음과 다른 얼굴에 대한 이해의 자유, 의심과 편견, 용서…', 그런 복합적인 욕망과 시니시즘이 뒤엉킨 묘한 애원이며, 협박으로 이해된다.

한편 프로그램의 맨 뒷장에 수조 속에 '잠수한' 전미숙의 사진과 함께 그 위로 '겉모습이란 진실한 척 하는 것이다' 라는 프리드리히 니체의 글이 쓰여 있다. 세 작품 모두 진실한 척 하는 현대의 겉모습과 싸우는 한 작가의 고단한 투쟁기라는 생각도 든다.

4

안은미

의
몸에
대한
실험과
도발

1964년 경북 영주 출생

이화여대 학사, 석사
뉴욕대 Tish School of The Arts 석사

사막에서 온 편지 (1983)	별이 빛나는 밤에 (1998)
씨 (1986)	과부의 딸 (1999)
해바라기 연가 (1987)	이슬 (1999)
종이계단 (1988)	회전문 (1999)
메아리 (1989)	레드벨벳 (2000)
상사무 (1991)	빙빙 (2000)
도둑비행 (1991)	무지개 카페 (2001)
아라리 알라리오 (1992)	못된 마누라 (2001)
달거리 (1993)	Please Help me (2001)
하얀 무덤 (1994)	은하철도 000 (2001)
여자의 향기 (1995)	춘향 (2003)
달 (1995)	Please kill me (2003)
검은 무덤 (1995)	Please forgive me (2003)
물고기무덤 (1995)	Please look at me (2003)
토마토무덤 (1995)	카르미나 부라나 (2004)
하얀 달 (1995)	Please touch me (2004)
검은 달 (1995)	Let me change your name (2005)
붉은 달 (1995)	新춘향 (2006)
달거리 (1995)	바리-이승편 (2007)
눈 무덤 (1996)	Let's go (2007)
무덤 (1996)	봄의 제전(2008)
빈 무덤 (1997)	바리-저승편(2010)
무지개다방 (1997)	조상님께 바치는 댄스(2011) 등

→ 147 페이지 〈바리-이승편〉
　　148-149 페이지 〈하늘고추〉

예술은
'쪼'대로
사는 것이다

안은미의 춤은 한 마디로 '럭비공'이다.
어디로 튈지 모른다. 단아한 침묵의 추상
에서 왁자지껄한 장터의 흥겨움까지 춤의
스펙트럼이 넓다. 순수추상의 아름다움에
서 싸구려 키치, 고전에서 아방가르드, 클
래식에서 대중가요까지 포함하지 않는 것
이 없다. 그는 사람살이의 모든 것을 이용

해 춤을 만들어낸다. 하지만 자세히 들여다보면 그 안에 흐르는 일관된 논리와 흐름이 있는 것을 발견하게 된다.

안은미는 한국 현대무용의 과거와 현재, 그리고 미래의 DNA를 모두 갖고 있다. 한국 현대무용의 산실인 이화여자대학교에서 춤을 배웠고, 세계 현대무용의 본고장 뉴욕에서 새로 공부하고 다양한 활동을 펼쳐 그들을 놀라게 했다. 그리고 한국으로 들어와 순수무용은 물론 연극, 뮤지컬, 영화, 종합축제 등 자유분방하게 활동하는 전방위 예술가로 활약하고 있다. 2004년 유럽투어 공연을 성공리에 진행했고, 세계 최고의 공연예술축제인 에든버러 페스티벌에 공식 초청되는 등 세계 무용계의 흐름을 유도하는 유럽에서도 각광을 받고 있다. 안은미를 일컬어 가장 세계화된 한국 현대무용가라 해도 지나치지 않는다.

정말 놀라운 생산력입니다. 지금까지 대략 몇 작품쯤 안무했나요.

뮤지컬이나 영화, 연극 등 다른 장르 빼고 새로운 제목을 가지고 무대에 올린 무용 작품만 150여 편이 넘습니다.

언제부터 춤을 추기 시작했습니까.

춤을 추기 시작한 것은 걸어 다닐 때부터가 아닌가 싶어요. 춤은 제 뇌에 언어로 인식되기 이전에 '놀이'였거든요. 저는 어렸을 때부터 집에 잘 붙어 있지 않았어요. 산에 올라가거나 버스를 타고 놀러가거나 온종일 밖을 돌아다녔습니다. 그 모든 것이 춤이었지요. 그러다가 여섯 살 때인가 길거리에서 화관무 의상을 입은 언니들을 봤어요. 너무나 아름다워서 그 언니들을 따라

갔지요. 동네에 있는 무용학원에 가더군요. 그래서 당장 엄마를 데리고 가 "내가 배우려고 하는 게 바로 이거다"라고 졸랐는데 허락하지 않으셨어요. 그렇게 몇 년을 조르니 초등학교 5학년 때 무용학원에 보내주셨지요. 그때 부채춤, 화관무, 살풀이를 배웠습니다.

그 후로 순탄하게 무용을 할 수 있게 된 것인가요?

아닙니다. 6학년 때 어머니가 학원을 끊어버렸어요. 공부해야 된다고요. 진명여중에 진학했는데 다행히 거기에 무용반이 있었습니다. 그때 특별활동반에 가서 발레라는 것을 처음 접했습니다. 그런데 발레는 처음 보는 순간 제 춤이 아닌 걸 알았습니다.

어떤 이유에서인가요.

동작 자체의 에너지가 주는 정서가 제 것이 아니었어요. 뭔가 너무도 작위적인 느낌이랄까. 그래도 무용을 더 배우고 싶어 계속했습니다. 특별활동 말고 무용반 레슨을 하면 돈을 내야 하는데 형편이 되질 않아 배울 수가 없었어요.

아쉽네요. 그걸로 중학교 때 무용수업이 끝이었습니까.

아닙니다. 그때부터는 창밖에서 구경하기 시작했습니다. 지금 생각해보면 제 춤의 비평적 관점이 그때 형성된 것이 아닌가 싶습니다. 타자와 관계를 두고 무용을 바라보는 시점, 내가 맹렬히 좋아하는 것이 아니라 내가 가장 좋아하는 것을 남들이 하는 관점을 통해 학습을 시작한 겁니다. 주체가 나쁜 아니라 다른 사람도 있다는 것을 인정하게 된 것이 이 시기 무용 공부의 가장 큰 성과라고 생각합니다. 당시 예술중학교 다니는 친구들이 실기 위주의 테크닉을 익히는 기간이었다면 저는 춤을 추지 못하는 그 애절함으로 '내가 춤춘다면'이라는 가상의 시나리오를 많이 썼습니다. 제 머릿속에는 항상 많은 이벤트, 시나리오가 넘쳐났습니다. 시나리오를 가지고 중학교 3년 동안 열심히 점심시간에 친구들과 함께 강당에서 작품을 만들었습니다. 제가 시나리오를 던지면 친구들이 공연을 하는 식이지요. 30분 만에 끝나는 짧은 즉흥공연이었지만 정말 즐거웠습니다. 그 친구들을 꼭 다시 만나 고맙다는 말을 전하고 싶습니다.

하나부터 열까지 생활 자체가 무용인 셈이로군요.

걸어 다니는 '무용공장'이지요. 그게 재미있습니다. 이런 이유로 학생들에게 안무법을 가르치며 말합니다. "안무에 법이 어디 있니, 진짜 좋아해야 해. 잠이 어떻게 와, 온몸을, 온 정신을 풀 가동해서 해야 하는 게 안무야. 매뉴얼, 절대 없어."

고교도 진명으로 진학했습니까.

그 당시 인문계는 추첨을 통해 학교가 배치되는데 고교 진학을 앞두고 마포로 이사를 했습니다. 그때 제 친구 말이 자기 언니가 현대무용을 한다는 거예요. 왠지 맨발이란 단어가 제 머리를 스치고 지나가며 떠오른 그림은 '자유로운 질주'였고 금란여고에 가서 현대무용을 해야겠다고 마음먹었습니다. "신이시여 당신이 저를 춤추시게 하신다면 금란입니다"라고 기도를 드렸는

데 정말 금란이 됐습니다. 그 다음 날 금란 무용실에 가서 무용실을 어루만지며 "내가 왔다, 기다려라, 내가 여기서 춤출 것이다"라고 말하기도 했습니다.(웃음) 학교 무용반에서 현대무용 기초를 익히고 고3 때 이화여대 입시를 위해 소개 받은 선생님이 바로 전미숙 선생님이었습니다.

전미숙 선생님이 아마 그때 대학을 막 졸업했을 때지요.

예, 몰랐는데 제가 선생님이 대학 졸업하고 만난 첫 제자였습니다. 숙대 앞에서 처음 뵈었을 때 너무 예뻐서 첫인상이 너무 공주님 같다고 말했더니 웃으시더군요. 이제 와 생각해보면 필연적인 만남이 아니었나 싶어요.

무리한 부탁이지만 말이 나온 김에 전미숙 선생님의 춤에 대해 말씀 좀 해주세요.

정말 강단 있는 춤입니다. 암묵적인 침묵의 힘이 대단합니다. 꾹꾹 눌렀다가 터지는데 정말 셉니다. (정신적, 내적) 힘이 장사지요. 저 같은 에너지도 밀어내지 않고 받아들이는 밭의 넓이가 정말 넓고 깊습니다. 보고 있으면 정말 신기한 분입니다. "나 너무 못하잖니"라고 늘 불안해하면서 끊임없이 연습하며 보물을 만들어내십니다. 겸손을 빙자(?)한 이상한 카리스마지요. 내성적인 성격이라 남들에게 잘 안 보여주시는데 평상시 사석에서 만나면 너무 귀여워요. 자기에 대한 포장 없이 무얼 해도 완전 유기농인 사람이라고 할 수 있습니다.

자, 이제 드디어 대학에 왔습니다. 이제 비로소 원하는 춤을 찾아 마음껏 춤추기 시작했겠습니다.

춤은 맹렬히 췄지만 정체성에 대한 고민이 시작됐어요. 내가 만나보지도 못한 마사 그레이엄 테크닉을 배웠는데 내 몸에 맞지 않는 거예요. 저는 기본적으로 춤을 출 때 가장 중요한 것이 기분이 좋아야 한다는 겁니다. 새 옷을 입었을 때 기분이 좋은 것처럼 새 테크닉을 배우면 즐거워야 합니다. 뭔가 감흥이 와야 춤을 출 수 있습니다. 그런데 마사 그레이엄(테크닉)은 아무리 해도 행복하지 않았어요. 또 현대무용은 뭔가 소통이 돼야 하고 자유로움이 있어야 하는데 마사 그레이엄 춤에서는 어떤 시대적 소통도 느끼지 못했습니다. 몸에 대한 명령만 있을 뿐이었습니다. 물론 마사 그레이엄은 위대한 천재입니다. 그렇다면 현대무용이란 무엇인가, 내가 추고 싶은 춤은 과연 무엇인가, 하는 질문이 저를 매일 괴롭혔습니다.

그래서 찾아낸 결과물이 무엇인지 궁금합니다.

처음엔 테크닉을 하기 위한 움직임이 주는 육체적 고통이 어디서 출발하는지부터 질문하기 시작했고 서구의 움직임의 기본인 가장 길고 아름다운 선의 미학이 나의 육체와 가지는 상관관계에 대해 고민하게 되었습니다. 저의 몸의 구조를 관찰한 결과 저의 유전자는 그런 춤에 맞는 체형이 아니라는 판단이 섰죠. 현대무용은 발레처럼 집단 춤이 아니다. 개성이 존중되고 그 각각의 에너지가 서로 만나 충돌하며 만들어내는 또 하나의 충돌이 새로운 이야기를 만들어낸다는 결론에 이르렀습니다. 억지로가 아니라 자연스럽게 만들어지는 능동적 에너지로써의 춤, 어떻게 보면 형식보다는 인간 그 자체가 가지는 질감이 춤에 더 영향을 미친다는 제 나름대로의 결론이었죠. 더불어 사는 삶 말입니다.

그때 마침 모나코 발레왕립학교를 졸업하고 돌아온 심정희라는 친구를 만나 매우 체계적이고 합리적인 발레 수업을 들었습니다. 육체적 고통을 이론적으로 이해하는 데 많은 도움을 받았죠. 행운이었지요.

   또 다른 고민도 있었을 텐데요.

그리고 또 하나는 작품 만드는 것을 좋아했어요. 보통 대학에서는 한 학기에 한 개씩 작품을 발표하는데 저는 솔로 하나, 군무 하나 두 개씩 했습니다. 더 하고 싶지만 학교 제도가 허락하지 않아 너무 아쉬웠습니다.(웃음) 한 작품이 끝나면 다음 학기 작품을 준비하기 위해 다음날부터 주제를 찾아다니며 고민했죠. 한 번은 소품을 만들기 위해 중국집 젓가락을 얻으러 며칠을 걸어 다닌 적도 있었죠.

지금 생각해보면 이런 집착이 현실도피에서 시작된 게 아닌가 생각합니다. 그 당시 집안 사정이 그렇게 넉넉한 편은 아니었거든요. 주위의 모든 상황이 가진 것이 없는 자에게는 두려움으로 다가오니 이 공포를 해결하는 것이 제겐 춤추는 일이었고, 그 공통분모를 사람들과 같이 공유하고 싶어 작품이 현실적이 되었고, 그러다 보니 반항적이고 도발적일 수 있었겠죠. 정면승부가 가장 빠른 답이 된다는 것도 이때쯤 깨달은 것 같아요.

   정면승부라. 뭔가 저돌적이라는 느낌이 듭니다. 그런 고민을 안고

<u>대학원에 왔군요.</u>

대학 4년 내내 제가 부닥친 문제를 미루지 않고 하나씩 해결해 갔던 것 같아요. 모든 문제를 우회하지 않고 해결될 때까지 밀어붙이는 불도저였던 셈이죠.

그런 내공이 쌓이니 대학원 진학 후 조금은 달라졌겠지요. 현실적인 문제가 어느 정도 해결되니 제 자신이 한결 부드러워지고 여유로워진 듯했어요. 그 당시 춤이라는 장르가 가진 표현적 한계를 극복하려고 연극, 영화도 많이 보고 그림도 제법 보러 다니면서 자연스럽게 관계자들과 만나게 되었어요. 연극연출가들, 배우, 미술 작가나 영화감독들과 교류하게 되었고 그들과 대화를 나누는 순간순간은 저에게, 춤이 갖는 비언어적 세계를 보다 구체적인 언어로 표현할 수 있는 일종의 잠재적 가능성을 확인할 수 있는 시간이 되었습니다. 혼자 공부하면 막연해질 수 있는 관점들이 더 구체화되고, 자기 비판적 관점도 높아지고 하면서.

말하자면 강도 높은 트레이닝 시간이었어요. 게다가 88올림픽 매스게임 지도자 경험까지 했으니.

<u>무용인으로서 매스게임을 지도하는 것은 정말 색다른 경험이었겠군요. 궁금합니다.</u>

88올림픽이 우리나라 최초로 치르는 국가적 행사였던 만큼 당시 문화계가 들썩거리며 정신없었잖아요.(웃음) 육완순 선생님이 이끌던 88서울올림픽 매스게임 오프닝 작품 지도자가 되어

← 〈종이계단〉

동대문상고 남학생 500여 명을 1년 동안 지도했습니다. 서울여상과 동대문상고 가운데 하나를 선택해야 했는데 남학생들과 한번 모험을 해보고 싶었습니다.

당시 매스게임은 모두에게 첫 경험이었어요. 컴퓨터도 없던 시절이어서 선생님들이 모눈종이에 번호 새겨 넣고 "몇천 몇 번 어디로 뛰어가"라고 외치면 학생들은 죽자고 뛰어가 줄을 섰습니다. 얼마나 소리를 질렀는지 아이들이 제가 무용하는 사람이 아니라 군인인 줄 알았다고 하더군요.(웃음) 테크놀로지는 없었지만 눈물 어린 감동이 있었습니다. 연습할 때 고생은 물론이고 전날까지 줄이 맞지 않아 이거 사고 나는 것 아닌가 덜컥했는데 정작 현장에서는 기계처럼 맞아 돌아갔습니다. 지금 88올림픽 영상에 나오는 〈88〉, 〈웰컴〉 모두 동대문상고와 서울여상 친구들이 만든 겁니다. 그 어마어마한 운동장에 88이란 숫자와 Welcome이란 영문자가 그려진 걸 상상해보세요. 아마 내가 무용을 전문적으로 하는 사람들이 아닌 일반 사람들과 함께 사회적 일을 하게 된 첫 번째 경험이 아닌가 싶어요. 그때 고생과 성과를 생각하면 지금도 뿌듯합니다.

대학원에서의 작품은 어떤 것이 있습니까. 아무래도 학부 때보다는 활동이 더 본격적일 수도 있을 텐데요.

대학 졸업하던 해인 1986년에 〈씨알〉이라는 솔로 작품을 만들었고, 신인무용발표회에 나가 신인상을 탔어요. 사회에 내딛는 첫 걸음이라 신중히 작업했고 27명의 사람이 무대 세트로 출연해서 신선한 도전을 했다는 이야기를 듣게 되었는데, 그때가 저의 작품 활동이 외부에서 시작되는 시점이었던 거죠. 그리고

88년 '안은미 컴퍼니' 창단 이후는 무용단 활동에 많은 시간을 투자했습니다. 첫 작품이 〈종이계단〉이었어요. 사람들이 걸어가는 속도를 관찰하며 만든 작품입니다. 욕망을 따라 끝없이 걸어가는데 다람쥐 쳇바퀴 도는 걸음걸이가 결국 부서지기 쉬운 종이계단을 밟고 올라가는 것과 같다는 내용을 그린 작품입니다. 그 당시 공연을 보통 하루나 이틀 하는데 제작비를 티켓 값으로 갚으려고 4일 6회 공연을 강행했지요. 중간 휴식 없이 1시간 10분 동안 공연되었어요.

위험할 수도 있는 '종이계단' 오르기에 성공한 셈인데 어떻게 해서 이루어질 수 있었을까요.

일단 너무나 많은 돈을 투자하는 바람에 나중엔 제 상황 자체가 종이계단이 되어버렸죠.(웃음) 현대무용 공연 관객들을 가만히 살펴보면 아는 사람들이 대부분인 경우가 많았습니다. 저는 제가 열심히 만든 작품이 존재감 없이 사라지게 하고 싶지가 않았어요. 그래서 공연을 홍보하는 데 많은 시간을 투자했죠. 공연을 도와주는 기획사가 필요했습니다. 그러나 그때는 지금처럼 무용기획사가 없을 때였습니다. 그래서 연극 「칠수와 만수」를 기획한 연극기획사 대표인 유인택 씨를 무작정 찾아갔죠. "돈이 없다, 그러니 100만 원 정도만큼 기획해달라"고 졸라 신문사에 찾아가 보도자료 돌리고 포스터와 프로그램을 혁신적으로 제작하는 등 작품을 관객들에게 알리는 데 최선을 다했습니다. 그 결과 문예회관 소극장을 거의 매진시켜 제작비의 절반 정도를 벌어들였습니다.

이른바 마케팅에 초점을 맞췄군요. 한발 앞서서 마케팅의 중요성을

알아보신 거로군요.

그때부터 '과감하게 투자하라'가 제 모토가 되었죠. 궁극적으로 작품을 위해서, 무대 세트는 말할 것도 없고 프로그램과 포스터에도 아낌없이 투자를 했습니다. 포스터 촬영 작업은 무용 전문 사진작가 최영모 씨와 했는데 당시 구하기 어려운 적외선 필름을 미국에서 구해 와서는 영하의 날씨에 물속에서 찍었습니다. 아무튼 이번이 마지막일지도 모른다는 생각으로 시간과 돈을 맹렬히 쏟아부었죠. 내일 무슨 일이 일어날지 모르니 후회 없이 뛰자. 거의 죽을 각오로 덤벼들었던 거죠.

그래도 성공의 가장 큰 요인은 작품의 완성도가 아닐까요. 아무리 널리 홍보했어도 작품이 안 좋으면 의미가 없지 않습니까.

당시 출연진이 지금 계원여고에 있는 최혜정 씨, 그리고 한국무용가 김은희 씨, 프랑스에서 활동하는 김희진 씨 등인데 정말 고생 많았지요. 4개월간 작품을 준비하면서 일주일에 한 번씩 연습실에 가둬놓고(웃음) 합숙을 했습니다. '우리는 작품을 위해 하나가 돼야 한다'는 이유에서였지요. 그래서 연습실 바닥에 이불 깔고 같이 잤습니다. 다들 죽다 살아났습니다.

그렇게 훌륭한 댄서들이 안은미 씨랑 어떻게 작업을 하려고 했을까요?

학교생활에서 보여준 저의 투지를 믿고 함께해준 것 같아요. 처음에 '하겠느냐'고 출연 제의를 했을 때 그들이 '오케이'라고 흔쾌히 허락했고, 그 대답을 다시는 번복하지 못한다는 다짐을 받았지요. 정말 힘들었겠지만 다들 좋은 무대를 만들기 위해 찬물도 뒤집어써가며 힘든 것도 힘든 줄 모르고 했습니다. 젊은 혈기, 맹목적인 열정이 돋보이는 무대였습니다.

없는 길을 간다, 길을 만들어간다. 안은미 춤에서 도전이 트레이드 마크가 된 게 이 작품이라고 할 수도 있겠네요.

어느 면에서는 맞습니다. 이 작품으로 그해 창무회 소극장 폐관 기념 '평론가가 뽑은 소극장 베스트 5'에 초청되어 재공연을 하게 되었죠. 처음 해보는 재공연이라, 부족하다 싶은 부분을 재보수하고 의상과 세트를 그 극장 분위기에 맞게 다시 안무했어요. 극장 관계자들에게 양해를 구해 극장 문짝을 떼어내어 공중에 매달고 말이죠.(웃음) 안 되면 어떻게든 가능하게 해보려는 치열함이 관객들에게 좋은 인상과 안무자로서의 잠재력을 인정받는 계기가 된 거겠죠.

뉴욕 유학을 감행한 것이 1992년 5월입니다. 시쳇말로 당시에 국내에서 잘나가는 현대무용가였는데, 특별한 이유가 있었습니까. 쉽지 않은 선택이기도 한데요.

저는 제가 여기(한국)에서 뭔가를 할 줄 알았어요. 그런데 안 되겠다는 것을 알게 된 거죠. 외국 무용가들이 잘한다는데 가서 봐야겠다는 생각이 들었습니다. 당시는 비디오, DVD가 대중화되지 않았던 시절입니다. 지금과 달리 외국 무용단이 국내에 1년에 한두 번 들어오는 정도였으니 그것 갖고는 그들의 춤을 모르겠더라고요. 게다가 제 느낌에 한국에서 현대무용 한다는 게 왠지 '메이드 인 아메리카' 것을 하는 것 같아 보였습니다. 그래서 외국 것 배우지 말고 우리 것 하면 안 되나 하는 오기 비슷한 것도 있었죠. 여기서 우리 것은 한국무용 창작과는 좀 다른 영역입니다. 외국서 테크닉 배워오는 것도 좋지만 시대의 춤이 뭔지 빨리 점검해야 하는 필요성을 느꼈습니다. 교류라는 말은 좋지만, 위치가 다릅니다. 말하자면 일방적인 수입인 거죠. 숨이 막혀 도저히 안 되겠더라고요. 가서 직접 봐야겠다는 생각에 뉴욕에 무작정 갔습니다. 현대무용의 메카라는 곳 아닙니까. 머리 싸매고 공부하러 간 것이 아니라 보러, 놀러 갔습니다. 예술가가 대체 뭔지 알아야겠다, 그런 생각으로.

그렇다면 예술가가 뭐 하는 사람이라고 생각하십니까.

제 생각으로는 상상력의 자유가 방해를 받지 않는 상상력의 구조가 있어야 한다는 겁니다. 그런데 우리는 근성 있게 사는 사람이 별로 많지 않습니다. 웰던^{Well done}으로 사는 사람이 많지, 시스템을 깨뜨리며 뭔가 초점을 흔들어주는 사람이 없습니다. 좌우 위아래 앞뒤로 흔들려서 잉여물이나 잔여물이 떨어져야 움직임이 생기는데, 그런 게 없습니다. 메이드 웰던, 노땡큐입니다. 누구에게 칭찬받기 위해 잘 만드는 것은 잘할 수 있습니다. 하지만 저는 그것만 갖고는 예술가가 될 수 없다고 생각했습니다. 또한 보이지 않는 혹은 볼 수 없는 세계를 두드릴 수 있는 행동력과 추진력은 필수겠죠.

당시 무용하는 사람들이 유학 가기가 쉬웠던 때는 아니었죠. 특히 안은미 씨같이 생활이 그렇게 넉넉하지 않은 사람에게는 무모한 모험으로도 여겨집니다.

그렇죠. 저같이 스스로 벌어서 사는 사람한테 유학은 정말 힘든 일이었습니다. 평소에도 전미숙 선생님이 제가 굶어죽을까 봐 많이 도와주셨어요. 저는 학생 때부터 돈 버는 일이라면 다 했습니다. 한 번에 여섯 가지 이상 일을 한 적도 있습니다. 그렇게 자립해서 대학, 대학원 등록금 다 냈습니다. 졸업하자마자 서울 강남 신사동에 빚내서 연습실도 마련했습니다. 작가에게는 그래도 작업 공간이 있어야 하거든요. 후배들과 많은 이야기를 하면서 연습실을 잘 썼습니다. 열심히 일해 돈 벌어 빚 갚고 하다 보니 사람이 탈진해서 죽는다는 말이 실감이 났어요. 그럴 즈음에 뉴욕행을 결심하게 되었습니다. '어차피 한 번 죽는다'는 이 깨달음이 제 가슴을 일깨워주더군요. 원하는 바를 이루지 않고는, 돈 없어 굶어 죽는 한이 있더라도 돌아오지 않는다. 나름 비장했던 것 같죠?(웃음)

 뉴욕행을 누구에게 제일 먼저 알렸나요.

여러분 있었지만 그래도 첫 번째 전화 다이얼은 전미숙 선생님에게 였습니다. 미국 간다고 알려드리니 선생님은 "그 이야기 언제 나올까 기다렸다. 남들은 너를 보면 불안하다고 하지만 10년을 지켜보니 넌 결코 중심을 잃지 않는다. 이제 믿어도 되겠어서 걱정 났다"며 격려해주셨습니다. 누군가가 10년씩 바라다봐준다는 게 얼마나 대단한 일입니까. 저도 우리 선생님처럼 진짜 선생님이 되기 위해 지금도 노력하고 있습니다.

 이제는 안은미 씨 트레이드마크가 된 **빡빡**머리도 뉴욕에서 만들어진 건가요.

아닙니다. 그 전입니다. 1991년 박용구 선생님이 MBC 이사장 하실 때 만드신 제1회 창작 무용경연(안무자 경연대회) 때 〈도둑비행〉이라는 솔로 작품을 하면서 밀었습니다. 이 콩쿠르는 3년 하고 없어졌습니다. 5년 동안 망설이며 미루어놓았던 일인데 작품을 위해 저의 비상을 위해 행동에 옮겼지요. 저희 동네 이발소에서 밀었는데 "아버지에게 쫓겨났냐"고 물어보시더군요.(웃음) 거울에 비친 제 모습이 마치 아기동자처럼 맑아 보였고 이목구비가 확실하게 더 잘 보인다는 느낌을 받았어요. 사회적 관념도 성적인 이미지도 모두 달아나버린 인간 그 자체. 너무 기분이 좋아 새로운 세계에 입문한 듯한 야릇한 충동을 느끼기도 했고.

아주 색다른 오르가즘 그리고 판타지? 머리를 밀고 작품에 어울리게 상반신 노출을 했죠. 관객들이 숨을 멈추고 저 무용수가 옷을 입었냐 벗었냐 하며 웅성거리는 사이, 8분이라는 솔로 작품 공연이 끝났지요. 정작 제 동작을 기억하는 사람은 아마 없을 거예요.(웃음)

  어떤 의도가 있습니까. 여자로서는 파격적이기도 한 일입니다.

의도가 있어 민 건 아니고 밀고 나니 알겠더군요. 만화 주인공들은 이야기에 맞는 캐릭터를 가져야 설득력이 있어요. 머리도 크고, 눈도 크게 그리는 이유가 있겠지요. 특별한 일상을 꿈꾸며 무대에서 전달되는 주제와 관련 없이 똑같은 의상, 똑같은 헤어스타일을 안무하는 안무자들이 이해가 되질 않았죠. 작지만 무대를 위해 무엇이든지 실행해야 한다는 것이 제 생각입니다. '하기 어려운 생각을 실행함으로써 새로운 돌파구가 보인다'고 하

← 〈달거리〉

는 말처럼, 안전하게 하고 싶은 것만 하면 새로운 상상력이 생기는 동기부여가 약해집니다. 머리 없이 지내오면서 겪은 많은 사건들이 저를 자연스럽게 다른 모서리로 데려갑니다. 그래서 다시 생각하게 합니다.

제가 대학 시절에 가장 감동받은 춤은 공옥진 선생님의 병신춤이었습니다. 아름다움과 추함의 경계를 넘어 깊숙이 우리의 가슴을 어루만져주는 춤. 그 넓은 세종문화회관이 그 한 사람의 소리와 몸짓으로 가득 메워졌습니다. 누가 그분의 춤을 보고 그가 여자다, 남자다 하며 구분하나요? 그냥 공옥진이라는 한 인간을 볼 뿐입니다. 그분의 춤은 우리가 배웠던 춤과 너무 달랐습니다. 그의 춤을 보곤 춤이란 형식이 중요한 것이 아니라 무언의 에너지로 증명해 보이는 것이라는 점을 다시 한 번 확신하게 되었습니다. 그래 춤은 저거다, '척' 하지 않는 춤. 그래, 바로 저게 내가 해야 할 춤이다. 살아온 만큼 추는 춤!

살아온 만큼 춤을 춘다, 쉬우면서도 뭔가 어려운 말입니다.

대부분 우리가 연모하는 세계적인 작가들은 고집스러우리만치 에고 트립(자아 확장)의 대가들입니다. 타협이란 위선도 그들은 예술 안에서 주제로 부활시키는 재주를 부리곤 합니다. 저는 역사의 기록들은 작위적인 거라 믿지 않지만 예술가들이 끝을 향해 바닥을 치는 것, 인식론적 충격을 주는 것은 중요하다고 생각합니다. 얼마 전에 타계하신 피나 바우시 선생님도 제가 10여 년을 가까이 지켜보며 내린 결론은 그분에게는 일상이 춤이고 춤이 일상이었다는 겁니다. 시간의 경계가 없는 삶.

우리가 감동받는 경우는 그 사람이 보여준 형식미에도 있겠지만 그 사람이 가지고 있는 독특한 에너지, 시공을 초월한 신선 같은 기운을 느끼는 순간입니다. 그것은 남을 모방하는 데서 그치면 절대로 나올 수 없는 에너지이고 기술입니다. 예술가는 모름지기 자기 고집을 가지고 살아야 하는 게 아닐까요. 또한 그렇게 살아온 시간이 작품 속에 녹아들게 마련이고요. 살아가면서 부딪치는 수많은 유혹들 앞에서 자기주장을 꺾지 않고 계속한다는 것은 생각처럼 쉬운 일이 아니지요.

주제가 잠시 다른 데로 흘렀습니다. 다시 머리로 돌아가겠습니다. 머리를 민 후 본인이 달라진 것이 있을 것 같습니다.

많죠. 미장원에 못 가죠, 아니 안 가도 되죠, 스님이냐고 질문 받죠, 중매는 안 들어오죠. 헤어드라이어는 안 써도 되고, 머리에 그림 그려도 되고, 가발만 쓰면 간단하게 변신할 수 있고, 무대에서는 얼마든지 눈에 띌 수 있어요. 명함이 없어도 사람들이 제 얼굴을 쉽게 기억하는 반면, 제 나이는 잘 짐작하지 못해요. 아무튼 달라진 점이 아주 많습니다. 의아해하는 사람들에게는 제가 먼저 웃습니다. 그러면 그들도 따라 웃더군요.

친화력이 대단합니다.

방어벽 허물기는 소질이 있는 것 같습니다.(웃음)

안은미 씨의 친화력의 원천이 무엇입니까.

사심 없이 남의 말을 잘 들어주고 항상 상대편에 입장에서 배려

하려고 하는 태도가 아닐까 생각합니다. 사실 저는 그렇게 배려심이 많은 사람은 아니었는데 살아오면서 겸손해진 덕도 있겠고 조직을 순조롭게 이끌려면 자기주장보단 상대방의 입장을 이해해야 많은 일의 진행이 순조로운 이유도 있겠지요. 그러다 보니 상호간에 대화가 잘되고 마찰도 적어져 효율적인 인간관계를 유지할 수 있는 것 같아요.

그리고 재미있게 말하는 언변도 한몫한 게 아닌가 싶네요.(웃음) 미국 생활 중에 친구 집 아기 돌잔치에 가서 일곱 시간 동안 웃겨드린 적이 있어요. 오신 분 중에 한 분이 자기가 너무 우울했었는데 오늘 1년 치 웃을 걸 다 웃은 것 같다며 다음에 꼭 다시 만나고 싶다고 하시더군요.

박용구 선생님은 공연 프로그램 서문에서 "몇 차례의 창작무용 발표회와 대구시립무용단 예술총감독으로서의 성공적인 경험으로 유능한 무용수에서 안무가로 역량을 보여 국제적인 Step으로 발걸음을 빨리하고 있는 安銀美의 무용세계는, 고대로부터 핏줄로 이어져온 춤과 노래의 '신명'과, 민중의 지혜로운 마음인 '익살'이 '춤추는 Spirit'으로 무대에 펼쳐지는 싱그러운 세계가 아닌가 한다."라고 저를 평가해주셨습니다.

<u>뉴욕 생활은 어땠습니까. 모든 것을 뒤로하고 떠난 것이었잖아요.</u>

1년에 한 작품씩 하면서 정말 결석 한 번 없이 1992년부터 1994년까지 만 2년 동안 미친 듯이 공부했습니다. 출석수가 모자라면 졸업을 못하거든요. 하루하루가 너무나 좋은 시간이었죠. 하늘이 준 기회였습니다. 매일 실기였는데 굳어 있던 몸을

→ 앞 페이지 〈Please hold my hand〉

재활한다는 생각으로 아침 8시부터 하드 트레이닝을 했습니다. 이론시간은 영어로 수업해서 머리에 쥐가 날 정도였지만 다행히 낙제점 없이 잘 견뎌냈습니다.(웃음)

뉴욕의 시스템이 한국의 시스템과 많이 다르지요?

가장 다른 게 학생들이에요. 같이 공부하는 친구들이 너무 좋았습니다. 열아홉 살짜리와 이야기를 해도 대화가 됐습니다. 캘리포니아, 오하이오 등 미 전역과 타이완, 중국, 일본 등 세계 각국의 친구들과 이야기하는 게 너무 좋았어요. 모두 자신의 이야기를 하고, 옷도 맘대로, 먹는 것도 멋대로였습니다. 또 작품을 짜도 왜 이리 개성 있게 잘 짜는지 놀라울 정도였습니다. 저는 제가 제일 잘하는 줄 알았는데(웃음) 다 나보다 나은 거예요. 충격이었지요. 즉흥을 해도 놀라운 아이디어로 가득했습니다. 가만히 지켜봤습니다. 흔히 하는 말로 주입식 교육이 아닌 자율적 학습 분위기이랄까? 저는 처음부터 다시 출발했습니다.

또 하나, 온몸이 조금 다혈질이지만 그걸 참고 보는 게 도리어 많은 공부가 되었다는 거예요.(웃음) 참고 훈련하니 어느새 저는 모두가 궁금해 하는 학생이 되어 있더군요.

그게 언제쯤이죠. 졸업한 이후인가요.

NYU 대학원 시절입니다. 그들이 논리적으로 생각할 수 없는 것을 저는 시도했습니다. 그들 입장에서 보면 전혀 다른 접근이라고 할 수 있었겠죠. 저만의 작두를 타는 거지요. 이성에서 벗어나 저의 근두운筋斗雲. 손오공이 타는 구름을 탄 겁니다. 깃털을 뿌려놓는 등 한 번도 본 적이 없는 무대 소품에서 춤 동작인지 아닌지도 모르는 동작을 선보여 충격을 줬습니다. 뉴욕대의 조명 선생님이 저에게 "졸업하고 무엇을 할 것이냐"고 물어 무용단을 만들어 활동하겠다고 대답했더니 조명을 하고 싶다고 자청했습니다. 뉴욕에서 있는 9년 동안 그렇게 저와 함께하게 된 사람들이 많았습니다.

특유의 친화력이 뉴욕에서도 유효했던 거네요.

친화력이라기보다는 그때는 제가 약간의 궁금증 유발 선두주자 정도였었겠지요. 그들의 입장에서 보면 전혀 다른 색깔이었을 테니까요. 대부분의 사람들이 새로운 경험에 목말라 하는 때에 동양에서, 그것도 잘 알지도 못하는 한국이라는 나라에서 온 **빡빡머리 여자 무용수**가 하는 색다른 컴포지션은 그들에게 충분히 어필할 수 있는 매력이 있었으리라 짐작합니다. 특히 한국의 춤은 서양 춤의 분열적인 형식미보단 자연의 힘을 거스르지 않는 자연스럽고, 단순한 움직임으로도 충분히 이야기를 전할 수 있는 함축미를 가지고 있는데 제 작업과 성격도 이런 영향 안에서 크게 벗어나 있지는 않았으리라 생각합니다.

그리고 한국 사람이 가진 '인정'이 매우 독립적인 걸 강조하는 서구 사람들에게 왠지 모를 따스함으로 느껴졌을 테고요, 자연스럽게 잊을 수 없는 추억을 남기는….(웃음)

듣자 하니 뉴욕에서도 독특한 별명을 얻었다던데요.

크레이지 걸Crazy girl, 우리말로 미친년이죠. 제가 입고 다니는 옷도 그렇고 작품도 그렇고. 그래서 친구들에게 내가 정말 미쳤다고 생각하느냐고 물어봤더니 그들은 "행동이 좀 그렇다는 거지"라고 에둘러 대답하더군요. 뉴욕 평단에서도 저를 아방가르드라고 소개했으니 틀린 말이 아닌가 봐요.(웃음) 서울에 돌아 왔을 때 미술비평가 이정우 씨에게 글을 부탁했는데 제목이 '도망치는 미친년'이였고, 무용평론가 김남수 씨는 한 비평에서 '테크노 샤먼'이라는 이름을 붙여주더군요.

앞서 공부하러 간 게 아니라 놀러 갔다고 했는데, 노는 게 노는 게 아니었습니다.

뉴욕 생활 9년 동안 정말 원 없이 놀았습니다. 일 안 하고 게으르게 살아본 게 그때가 처음인 것 같아요. 그러면서 책을 많이 읽었습니다. 사서도 읽고, 빌려서도 읽고, 한국에서 가져가서도 읽고, 닥치는 대로 읽었습니다. 불교, 역사서, 종교와 철학 등 가리지 않았어요. 한국에서 한 시간 이상 엉덩이 붙이고 앉아 있던 적이 없었던 제가 영어 공부를 위해 매일 일곱 시간 정도 꼬박 책상에 앉아 있다 보니 앉아 있는 게 더 이상 두렵지 않게 되었습니다. 처음에 명상을 할 때는 온몸이 꼬였다가도 한 10년 하면 불안해지지 않는 것과 마찬가지입니다. 뉴욕 생활이 4년쯤 되었을 무렵 불안감이 많이 없어졌습니다. 춤에 무게감이 잡히고 그만큼 깊어졌습니다. 땅을 딛는 중심에 힘이 생기고 돌덩이처럼 무거워졌습니다. 세월이 지나면서 이 힘이 무엇인지 알게 됐지요. 고수일수록 공격할 때 잔가지 안 쓰고 딱 하나로 끝내잖아요. 상대편이 서두르면 그 허점이 쉽게 보이는 겁니다. 그런 여유가 생겼다고 할까, 아무튼 허기진 공백을 메워주었던 게 뉴욕 생활이었습니다.

정치, 경제는 물론 세계 문화와 예술의 첨단을 달리는 곳이 뉴욕이니만큼 거기서 수많은 예술가들, 유명인사의 존재를 피부로 느끼셨을 텐데 특별히 영향을 받은 경향이나 인물이 있으신지요.

뉴욕에는 대단한 예술가들이 많습니다. 잘나가는 미술작가들의 작품을 보면서 많은 흐름을 눈으로 익히기도 했습니다. 그러나 저는 그런 흐름에는 관심이 없습니다. 따라갈 수 없을뿐더러 잘못 따라갔다가는 성공에 급급한 아류 작가가 되고 말지요. "난 내 걸음으로 속도로 가리라" 다짐했습니다. 내 계획대로 돈 생기면 작품 하고 헤어지고 하면서 열심히 느린 호흡으로 사는 것에 집중했습니다.

그러던 중 어느 날 한 통의 전화를 받게 됩니다. 마사 클라크 Martha Clark라는 안무가가 〈마르코 폴로〉라는 현대 오페라에 출연할 무용수를 찾고 있다는데 탄둔譚盾, Tan Dun이 작곡을 한다고 하더군요. 제가 좋아하는 현대음악 작곡가이고 나중에 영화 〈와호장룡〉 음악을 작곡해 아카데미 음악상을 받은 사람입니다. 저는 단숨에 오디션을 보고 함께 작업하게 되었죠. 마사 클라크는 아주 필요한 움직임만 사용하는 극도로 절제된 연출이었어요. 군더더기 없는 작업을 그녀 옆에서 3년간 무용수로 있으면서 배우게 됐습니다.

그런 대작들이 제작되는 과정을 보고 배운 것이 제가 2000년 대구시립무용단 단장이 되어 큰 작품을 무난히 소화해낼 수 있는 배경이 된 것 같습니다.

'무덤 시리즈', '달 시리즈', '렛츠 고 시리즈' 등 일련의 연작 작품

→ 앞 페이지 〈심포카 바리─이승편〉

과 최근 〈심포카 바리〉, 〈조상님께 바치는 댄스〉 등 작품의 켜가 상당히 다릅니다. 안은미 씨의 작품을 이제는 시기적으로 구분해볼 수 있겠습니다.

'달 시리즈'가 먼저입니다. 여성성에 관한 것이지요. 무덤은 죽음에 대한 탐구입니다. 왜 인간들이 이렇게 살아야 하는가 등 끊임없이 이어지는 질문들을 통해 죽음에 대한 공포를 넘어서기 위해 노력했습니다. 다음이 인간의 유희본능을 패러디한 '카페 시리즈'입니다. 잘 놀다 보면 좋은 결과를 갖게 됩니다. "자 이제 한번 떠나볼까요"라고 자유정신의 여행을 권유하게 됩니다. 그게 '플리즈Please 시리즈'입니다. 그 다음은 행동해야 합니다. 가자, '레츠Let's 시리즈'입니다. 말없이 가보자, 가보면 안다, 그거지요. 그런 식으로 하다가 한국의 전통 '춘향', '바리'를 하게 됐습니다. 이것은 한국 사람으로는 반드시 거쳐 가야 할 징검다리 같아 보였습니다. 저는 한국 전통 양식을 별로 좋아하지 않았는데 알고 보니 선조들이 갖고 있는 유머 감각과 지혜가 엄청나더군요.

한국 전통을 별로 좋아하지 않았다는데 좀 더 자세히 말씀해주신다면.

좋아하지 않았다는 게 아니라 너무나 익숙해서 흥미를 갖지 않았다는 것이 정확한 말일 겁니다. 그 안에 숨어 있는 것보다는 그전에 보이는 표피적인 것들의 정보에 지배돼 진짜 중요한 것을 놓친 것이지요. 〈新춘향〉을 하게 된 것도 피나 바우시와 함께 춘향 소재의 작품을 보러 갔다가 다른 식으로 해보고 싶다는 생각이 들었기 때문입니다. 원본에 있는 중요 장면만 설명할 뿐

왜 춘향이란 소설이 아직도 우리에게 설득력 있게 다가오는지에 대한 답을 찾을 수가 없었지요. 춘향이는 미모와 절개라는 여성성만 늘 확대되어 드러나는 것 같거든요.

다양성에 대해 잘 끌어주지 않는 사회, 얼마나 답답합니까. 논란의 여지, 선택의 여지가 있어야 발전의 여지, 공존의 여지가 있습니다. 수평적으로 소통하는 사회란 우리 모두의 바람이겠죠

이런 질문을 시작으로 안은미식 〈춘향〉과 〈바리〉가 만들어졌습니다. 고맙게도 박용구 선생님이 대본을 써주셨는데 제 작업이 우리 민중들이 어두운 세월을 견디기 위해 가졌던 '익살과 신명'을 춤으로 표현한 것과 공통적인 부분이 많다고 일러주셨죠.

이렇게 해서 만들어진 것이 〈新춘향〉입니다. 유럽 투어 당시 〈新춘향〉을 보고서 유럽의 무용 전문지 「댄스유럽」에서 "볼 기회가 어떻게라도 생긴다면 절대 놓치지 마시라. 그로 인해 당신의 삶이 윤택해질 것이다"라고 영국의 평론가 도나채드 매카시 Donnachadh McCarthy로부터 평가받기도 했습니다.

〈심포카 바리—이승편, 저승편〉을 끝으로 전통 설화나 전통 소설에서 '춤추는 할머니'에게로 넘어간 것입니다. 20세기의 살아 있는 몸을 기록하기 위해서입니다.

듣고 보니 다수의 작품이 마구 쏟아진 게 아니라 일련의 꾸준한 논리를 갖고 있는 것 같습니다.

저는 순서대로 사는 사람인가 봅니다.(웃음)

안은미 씨가 작품을 만들 때 가장 중요하게 여기는 것은 무엇입니까.

물론 주제의식이 가장 중요하겠지만 현실적으로 제게 중요한 건 무용수입니다. 그들이 춤을 출 거니까요. 인간이 가지고 있는 물성이나 시간성은 엄청난 힘을 냅니다. 그 존재감이라는 게 어마어마합니다. 존재감이 없는 무용수를 만나면 좋은 움직임이 나오지 않습니다. 무에서 유를 창조하는 힘은 무용수들의 노력에서 나옵니다.

뉴욕에 가서 피나 바우시를 처음 봤습니다. 늘 책에서만 보았던 전설의 여인의 존재감을 직접 확인했죠. 공연 끝나고 30분을 내리 울었습니다. 작품에 대한 감동 때문이 아니라 무용수 때문입니다. 나한테도 저런 무용수들이 있으면 나도 더 잘할 수 있을 텐데, 그런 생각을 하자니 제 처지가 서러워 울었던 거죠.

그러다가 실제 피나 바우시를 서울에서 만났지요.

예. 2000년 〈카네이션〉이라는 작품으로 거의 20년 만에 한국을 다시 방문한 피나 바우시 선생님께 한국의 인상을 심어줄 이벤트가 필요한데 적합한 사람이 저라고들 하더군요. 꽃다발 들고 오라고 해서 손에 들고 무대 뒤로 갔지요. 그래서 피나 바우시가 동대문 야시장에 갈 때 동행했습니다. 그녀를 만난 감격에 가슴이 터질 것 같아 처음에는 아무 말을 못했습니다. 피나 바우쉬 무용단^{부퍼탈탄츠테아터}에 있는 김나영 씨가 "안은미 씨가 왜 이리 말이 없느냐"고 물을 정도였습니다. 전설의 여인과 실제로 만

나다니, 이게 꿈인지 생시인지 믿기지가 않았습니다. 한 시간쯤 지나 겨우 말하기 시작했습니다. 일단 말문이 터지자 피나 바우 쉬와 와인을 마시며 밤새 이야기를 나누게 되었죠.

작품 구상 이야기를 좀 해볼까요. 그렇다면 무용수를 보면서 작품 을 구상하십니까.

그렇습니다. 기본적인 구상은 있지만 디테일은 전부 무용수들과 함께 만들어나갑니다. 제가 춘향이 역을 했는데 저의 상대인 남 자무용수를 찾을 수 없어 이 도령을 중국에서 초청해왔습니다. 그가 없으면 완전히 다른 작품이 됐을 겁니다. 저의 모든 상상 력이 그들의 몸을 통해 발현됩니다. 제 작품에는 세트나 소도구 들이 많이 사용되지 않습니다. 모두 작품 속에서 무용수들의 표 현력과 움직임이 무한한 상상력을 가능케 합니다.

안은미 씨의 춤에서 작품의 주제, 소재, 현실 인식 등 여러 가지가 돋보이지만 그래도 가장 중요한 것은 '재미' 같습니다. 당신이 추구 하는 춤의 재미라는 게 무엇입니까.

경계 없는 통쾌함! 거기에 재미는 아마 문제지의 해답을 미리 보 는 쾌감 같은 것이겠지요.

소통의 재미라는 말씀이네요.

조금 역설적이지만 제가 보기엔 예술가들의 작업이 일방통행일 때가 많았어요. 관객의 마음에 어떤 커뮤니케이션 파워가 통할 지 모르는 건 아니지만 제게 있어서 소통은 먼저 인식론적 충격

→ 앞 페이지 〈백남준 광시곡〉

을 주는 것이 중요하다고 생각합니다. 막혀 있는 통로를 뚫어주면 '뻥' 하고 자연스럽게 순환이 되겠죠. 정신의 에너지가 태어나는 것은 바로 그러한 특이한 순간입니다. 그때 편견 없는 소통의 장이 마련되는 게 아닐까요.

안은미 씨 작품에서 또 하나 흥미로운 점이 '풍자' 입니다.

직설적으로 말하기 힘든 것을 부드럽게 넘기게 해주는 힘인 것 같아요. 딱딱한 것을 부드럽게 만드는 힘이 간접적인 화법에 있지요. 상대방을 알지 못하면 할 수가 없습니다. 제가 대학에서 무용을 배울 때만 해도 한국 무용계에는 유머 있는 작품이 전혀 없었어요. 막상 시도하려니 무척 어렵더라고요. 상대방에 대한 정확한 정보 없이는 불가능한 작업이라는 것을 깨닫고는 그때부터 뭐든지 관찰하기 시작했지요. 사람들의 가려운 곳을 대신 긁어준다는 것은 더 많고 풍부한 경험의 바탕이 전제되어야 합니다.

풍자란 한번 꽈서 보여주는 것이지만 결국 인간에 대한 사랑, 휴머니즘 없이는 불가능한 것 아닙니까.

맞습니다.

안은미 씨의 작품은 재미도 있지만 그 안에 흐르는 인간적 따듯함, 그것이 매력적입니다. 한마디로 사람이 있습니다.

새로운 생명을 생산할 수 있는 몸을 가진 존재의 특권 아닐까요?(웃음)

무대장치나 조명 이런 것들은 어떻게 준비합니까.

처음 작품을 시작할 땐 협업으로 디자이너들과 함께했는데 시간이 지나면서 제가 직접 디자인하게 되었습니다. 모든 디자인은 움직이는 물성인 몸과 조화로워야 제 힘을 발휘하는데 그 움직임을 가장 잘 아는 안무가가 하는 게 경제적으로나 시간적 효율성에서나 편리하게 느껴졌습니다. 조명은 디자이너가 작품을 보고 기본 세팅을 마치면 한 장면마다 현장에서 함께 결정합니다.

음악은 어떻게 합니까.

한 작곡자하고만 일하고 있습니다. 91년 친구 이형주의 소개로 만난 장영규 씨와 함께 일한 지가 벌써 20년이 넘어서인지 별 이야기 없이 기본 구상이 끝나면 연습 음악을 작곡하고 작품 구상이 끝나는 지점에 맞추어 완성합니다. 한 번도 의견 충돌이 없는, 아주 신기한 작곡가입니다.

최영모 씨와 함께하는 사진 작업도 꽤 오래됐죠.

대학 3학년 때인 스물세 살 때 방희선 언니 작품 〈날개〉를 하면서 처음 만났습니다. 무용계 바깥에서 안을 바라보는 입장을 객관적으로 이야기해준 사람이지요. 제 작품을 찍은 사진이 족히 만 장은 넘을 거예요. 늘 남는 건 사진뿐이라고들 말하잖아요.

장영규 씨나 최영모 씨 등 '안은미 군단'과 그런 깊은 관계를 유지해온 비결이 진실한 인간적 교류 때문이겠죠.

← 〈정원사〉

뭔가 나올 게 있으니까 제게 투자하는 거겠죠. 하하, 농담입니다.

안은미 씨에게 가장 많은 영향을 끼친 무용가는 누구라고 생각하십니까.

책에서 만난 최승희, 실제로 춤을 접한 공옥진 선생님, 또 프리재즈 타악의 명인으로 불렸던 흑우 김대환 선생님입니다. 특히 쌀알에 글씨를 새기는 김대환 선생님의 그 집요함, 아티스트로서의 괴력을 배우고 싶었습니다.

전미숙 선생님이나 피나 바우쉬를 꼽을 줄 알았는데 아니네요.

↑ 〈조상님께 바치는 댄스〉 스튜디오 촬영 중

아, 너무 가까이 있었던 분들이라 깜박했네요.(웃음)

당신은 한국 무용가 중에서 가장 세계화된 한국적인 자유로운 무용
가로 여겨집니다. 한국의 현대무용과 세계의 현대무용에서 가장 큰
차이가 무엇이라고 생각하십니까.

세계 무용의 주류를 장악했던 건 미국이었고, 지금은 유럽이 주
류를 이루고 있는데 그들에게 우리는 항상 예외의 작업처럼 분
류됩니다. 눈부신 경제발전을 통해 아시아의 현대 예술이 그들
과 함께 논의되기 시작한 건 다행이라고 생각합니다. 그런 맥
락에서 차이점이라고 굳이 말하자면 서구 현대무용의 진화 속

도에 우리들이 너무 둔감하게 움직인다고 할 수 있습니다. 한국 현대무용계에서 서구를 모방하는 단계를 뛰어넘어 독특한 색깔을 내는 젊은 작가들이 많이 나와야 합니다. 이제는 그럴 때가 되었다고 생각합니다.

앞으로의 작업이 궁금합니다.

2010년 〈조상님께 바치는 댄스〉를 시작으로 지금은 '춤추는 할머니' 작업에 전념하고 있습니다. 어르신들이 경로당에서 나와 궁 앞에 마련된 '나이트클럽'에 나오는 〈댄싱 마마〉 프로젝트를 (2011년) 10월 2일 수원행궁 앞에서 했습니다. 잘되면 매년 할 것이고 더 잘되면 '움직이는 나이트클럽'을 열어 전국을 다니고 싶은 마음입니다. (2012년) 2월에 고등학교 학생들과 함께 춤추는 신작 준비도 하고 있습니다.

어어부 프로젝트
안은미 춤·서울
please

2003년 6월 5~8일 예술의전당 자유소극장

안은미가 인디 록밴드 어어부 프로젝트와의 작업 10년을 기념해 마련한 작품이다. 도발과 파격의 무용가로 꼽히는 안은미가 5년 만에 내놓는 솔로춤 무대이기에 특히 관심을 끌었다. 작품은 〈Please kill me〉^{제발 나를 죽여줘}, 〈Please forgive me〉^{제발 나를 용서해줘}, 〈Please look at me〉^{제발 날 좀 봐줘} 등 3부로 구성됐다. 각 부의 앞에 어어부의 콘서트가 20~30분씩 공연됐다.

무대는 하얀색과 빨간색으로 구성됐다. 객석으로 열려진 'ㄷ'자 벽 구조에 강선을 차례로 연결해 집게로 A4용지를 마치 타일처럼 매달았다. 천장에는 사방 4~5m쯤 돼 보이는 격자망에 수혈용 피 봉지를 걸어 놨다. 안은미가 〈하얀 무덤〉 이전에도 그랬지만 이후 더욱 철저하게 집착하는 '피'의 이미지다. 이 피에는 여성성의 이미지가 느껴진다. 소녀에서 여성으로 변하는 '생리혈'에서부터 시작해, 출산과 함께 터져 나오는 모성의 '피', 남성들로부터 당하는 사회적 차별에 의해 당한 상처에서 흐르는 '피' 등 여성의 몸과 마음에서 흘러나오는 그런 피다. 이 '피의 이미지'는 이 3부작을 관통하는 상징이기도 하다.

이 무대에 안은미는 검은 모자에 검은 슈트를 입고 등장했다. 무대의 색은 흑과 백, 빨강 세 가지 색뿐이다. 흑과 백이 무채색으로 색이 아니라고 할 때 무대의 색은 빨강색 하나인 셈이다. 섬뜩한 느낌의 붉은 피 봉지 아래 가슴이 깊이 파인 검은 슈트를 입고 등장한 안은미는 거만했다. 왼손은 주머니에 찌르고 오른손만 움직여 까닥까닥 인사했다. 얼핏 얼핏 보이는 가슴은 세상을 유혹하려는 자신감의 표현으로도 보였다. 하지만 손의 느낌은 조막손이었다. 애써 거만하게 보이려 하고 있지만 안으로는 한없이 약한, 억눌린 질곡의 여성의 모습이 느껴진다. 내부의 두려움을 숨기기 위해 외부적으로 더 강하게 보이려는 콤플렉스도 느껴진다. 한참을 거만하게 걷다가 왼손을 꺼내면서 무대는 굿판으로 서서히 달아오르기 시작했다. 모자를 벗어 예의 도전적인 대머리를 보이고, 첫 장면부터 상의를 벗어 던졌다. 보통 보일 듯 말 듯 관능의 긴장을 유지하다가 마지막에 과감히 벗어 던졌던 것과 달리 첫 부분부터 도전적으로 시원하게(?) 벗어 제쳤다. 세상에 대한 도전, 더 이상 숨길 것이 없다는 자신감의 의도로도 보인다. 그러나 조막손에서 피가 흐른다. 여기에서 신데렐라 콤플렉스를 벗어나려는 적극적인 의지와 함께, 또 그 강도에 비례해 아무리 거부하려 해도 벗어날 수 없는 처절한 한계성도 느껴진다. 현실에 순응, 왕자를 기다리는 신데렐라를 거부하지만, 신데렐라의 행운을 빼앗기 위해 유리구두를 억지로 신으면서 발가락과 발뒤꿈치를 자른 신데렐라의 의붓언니들의 발과 같은 느낌이다. 안은미는 피 흐르는 손으로 제 목을 조르고, 피는 가슴을 타고 흘러내린다. 세상과 싸우다 상처입고 피 흘리며 쓰러진 안은미가 '제발 죽여 달라'고 온 몸으로 외치는 것 같아 안쓰럽다.

2부 〈플리즈 포기브 미〉는 흑과 백의 대조였다. 전면 무대 벽에 두 개의 창이 열려 위쪽에서는 수녀가, 아래쪽에는 소복을 한 처녀귀신의 모습이 증명사진처럼 박혀 있었다. 수녀 역은 깜찍한 동요 '예솔이'를 불렀던 이자람이었다. 지금은 동편제 전통을 잇는 명창으로 자리매김한 이자람은 그레고리안 스타일의 스캣송을 했고, 처녀귀신은 국악 가곡을 하는 정마리가 맡아 맑은 음색의 귀곡성을 내 이채로웠다. 무대 바닥에는 길이 3m쯤 되는 커다란 검은 동그라미가 놓였다. 그 위에 하얀 속치마를 입은 안은미가 목에 붕대를 매고 양팔은 결박된 채 아기를 낳는 산모의 자세로 누웠다. 안은미는 검은 원에서 벗어나기 위해 갖은 애를 썼고, 여기에 맞춰 스캣송과 귀곡성은 높고 낮게 변화했다. 처음에는 손발로만 치다가 온 몸으로 구르면서 '발광'을 거쳐 '접신'의 경지에 이르면서 기어코 원을 벗어났다. 목 졸라 죽고 싶었던 사회에서 벗어나기 위해 온 몸을 던진 싸움의 승리로 생각된다. 그런데 무엇을 용서해달라는 걸까. 자살하지 못하고 사회에 적응하려 했던 것, 이 야만의 사회에서 아이를 낳고 살려고 했던 것 등에 대한 용서를 구하는 것은 아니었을까.

마지막 장 〈플리즈 룩 앳 미〉에서 안은미는 제목의 뜻을 강조하듯 우스운 분장으로 등장했다. 눈꺼풀 위에 파란색과 흰색으로 마스카라를 하며 웃는 눈을 그려 놨다. 이 작품에서 빨간색 외에 처음으로 등장한 유채색이다. 그러나 빨간색 옷을 입어 붉은색에 대한 상징은 가장 강하게 확대됐다.

어어부의 노래로 세 도막으로 나뉜 안은미의 이번 공연은 서로 다른 주제를 갖고 있지만 전체적으로 끝말잇기처럼 내용의 연결이 보인다. 첫 장에서의 목 졸림이 두 번째 장에서 목에 감은 붕대로 나오고, 두 번째 장에서의 영광의 탈출이 자유스럽고 즐거워 보이는 세 번째 장의 의상과 분장으로 이어진다. 그러나 눈꺼풀 위에 파란색으로 강제로 그린 웃음만큼이나 그 자유는 한계를 갖고 있는 것으로 보인다. 눈을 감을 때는 우습지만 뜨고 있으면 안타깝다. 그 위로 피가 쏟아졌다. 머리 위에 놓인 피 봉지에서 언젠가는 피가 쏟아질 것이라고 생각하고 있었는데 드디어 쏟아진 것이다. 1970년대 말 공포 영화 「캐리」의 마지막 살육장면이 연상되는 부분이다. 고교생들이 못생긴 캐리를 메이퀸으로 뽑아 놓고 돼지 피를 쏟아 부어 망신을 주는 못된 장난을 벌이다가 캐리의 초능력으로 무참하게 살해당하는 참혹한 장면이다. 위선적인 느낌의 분장을 한 안은미에게 돼지 피가 쏟아진 것이라고 할 수도 있고, 또는 여성의 자유에 대한 남성위주 사회의 폭력의 상징으로도 읽힌다. 당초 이 부분이 〈Please don't cry〉제발 울지마라는 제목으로 구상됐던 것은 보다 직접적인 설명으로 이해된다. 그러나 '크라이' 라는 것이 자신과는 좀 어울리지 않는 신파조라고 생각했는지 안은미는 '웃음으로 위장된 울음' 으로 '봐주길' 원한 것으로 보인다. 그는 캐리와 같이 두려움을 주는 모습으로 관객들에게 반신데렐라적 여성성에 대한 동의를 강력히 요구한 것으로 생각된다.

플리즈 터치 미
Please touch me

2004년 5월 1~2일 문예진흥원 예술극장 대극장

2003년 피나 바우시의 폴크방 스튜디오의 객원 안무가로 초청
돼 안무한 〈제발 내 손을 잡아줘〉, 〈제발 나를 죽여줘〉 등 안은
미가 최근 몰입하고 있는 일련의 〈제발…〉 시리즈의 연장선상
에 있는 작품이다.

안은미 특유의 키치미가 일단 눈길을 끌었다. 알록달록한 원색
에 분홍빛 조명이 얼핏 미아리 사창가를 연상시킨다. 수영장에
서 펼쳐지는 듯한 경쟁의 모습이 우스꽝스럽기도 하고 발자국소
리, 전화소리라든지, 새가 날아가는 소리 등이 긴장감을 불러일
으킨다. 고대 이집트나 오리엔트 사제와 같은 중성적인 모습과
다양한 관능적인 요소들이 한데 어울려 흐드러진 성과 관음증
이 느껴진다. 뒤로 보면 여성인데 앞으로 보면 남성인 성도착,
또는 성차별을 무시하는 도발적 의도도 전해진다.

색동원색이라든지 물동이를 진 아가씨는 한국적 정서를 느끼는 샤머니즘적 요소로 원시적인 생명력이 느껴진다. 권력을 상징하는 듯한 의자 위에서 이익을 위해 싸우는 사람들의 모습이 재미있고, 그 아래서 전라로 기어가는 참혹한 현실을 패러디한다. 이 과정에서 온 몸을 뒤로 던져 등으로 안기는 포즈는 참 역동적이고 재미있는 무브먼트였다. 안긴다기보다는 끌려가는 느낌이 났으며, 수동적인 능동이라는 역설도 느껴졌다. 관능과 해학, 유희가 과장되고 극적으로 결합해 경쾌하면서도 결코 밝지만은 않은, 깊은 삶의 근원적 음영을 드러낸다. 하지만 관객과의 입맞춤으로 대미를 짓는 막을 내린다. 안은미의 낙관적 익살이 돋보이는 대목이다.

이 작품은 2005년 3월 12~13일 LG아트센터로 옮겨져 확대, 재공연 됐다. 대극장으로 옮겨진 무대는 훨씬 강렬했다. 안은미는 10번이나 옷을 갈아입고, 혹은 벗고 한바탕 흥겨운 춤을 췄다. 제발 자신을 만져달라는, 소통하자는 의지를 가야금과 구음의 전위적 음악에 맞춰 특유의 붉은 핏빛으로 춤을 췄다. 안은미의 도발적 파격이 힘을 더해가고 있음이 뚜렷이 느껴지는 제의적 유희가 빛났다.

렛 미 체인지 유 어 네임
Let me change your name

2005년 10월 3~4일 충무아트홀 대극장

안은미가 국내를 넘어 세계무대를 상대로 작품을 만들고 있음을 입증한 작품이다. 오디션을 통해 외국 무용수를 캐스팅, 다국적 색깔로 작품을 꾸며 2005 독일 베를린 아시아태평양주간 - 한국주간 행사에서 초연했다. 외국에서 초연하고 국내에서 발표한 작품 제작 방식이나 내용에 있어서 한국 춤이 어떻게 세계화해야 할지 의미 있는 한 방향을 제시한 것으로 생각된다.

푸른색, 분홍색 등 단색의 조명 변화 속에서 수영하기, 땅 짚고 헤엄치기, 네 발로 미끄러지기 등 다양한 재미있는 동작으로 구성했다(나중에 알고 봤더니 조명을 이같이 하려고 해서 한 것이

아니라 극장의 조명에 문제가 있어 어쩔 수 없이 이런 방식으로
즉석에 조정했다고 했다).

형광색, 원색의 키치미는 안은미의 독특한 색깔이 돼버린 것 같
다. 연두, 노랑, 파랑, 보라, 주황 등 각색의 탄력 있는 치마를
이용한 데포르마시옹déformation(왜곡) 효과는 관객들에게 여러 가지
상상을 줬다. 치마를 벗고 뛰는 것도 관능을 넘어 아무 거리낌
이 없었던 어린 시절의 유희를 연상시켰다.

안은미는 자신의 색인 '빨강'을 입고 나와 특유의 몸 비틀기로
장난스러우면서도 강렬한 인상을 남겼다. 모델의 워킹에서부터
어린 시절 개구쟁이들의 속칭 '아이스케키' 하며 치마 걷어 올리
기 놀이를 비롯해 다양하고 명랑한, 유희적 역동미를 만들어 냈
다. 이 동작을 옷과 연결해내면서 옷이 오브제로서 의미를 가지
면서 다양한 의미의 리듬과 색채를 만들어 냈다. 역동성과 속도
감을 바탕으로 만들어진 춤의 구성이 신이 났다.

옷을 벗어 귀신의 혀, 또는 구토 등을 연상시키는 이미지는 세
상의 허울을 벗겨내려는 것으로도 읽힌다. 〈네 이름을 바꾸자〉는
도전적인 주제의식이 비로소 강렬하게 다가온다. 흰옷을 입고
한바탕 씻김굿을 한 뒤 옷을 벗어 빨래하는 듯한 장면에서는 위
선의 껍질들을 사금파리로 긁어 벗겨내 씻어내는 의식처럼도
보였다.

〈하얀 무덤〉 시리즈의 아이디어와 단아한 미니멀리즘이 이후의
키치미한 왁자지껄한 작업과 어울려 새롭게 정리된 안은미의 춤
방향을 보는 것 같아 즐거웠다.

新춘향

2006년 5월 12~13일 국립중앙박물관 극장용

안은미의 〈新춘향〉은 탄탄하게 시작했다. 구성진 춘향가를 배경으로 남자인지 여자인지 모르는 뒷모습 누드가 원색의 솔리드 컬러 조명을 받아 관능적 콘트라스트를 만들어냈다. 충분히 관객의 관심을 붙잡는 프롤로그였다. 단지 극장 사정으로 춘향가 내용이 객석에 잘 전달되지 못하는 것이 아쉬웠다.

빨간 조명에 착시 효과를 이용해 업고, 이고, 사랑하는 2인무들은 보는 이를 즐겁게 했다. 자극적인 록비트 음악에 맞춰 마치 패션쇼를 하듯 펼쳐진 과감한 워킹이 관객의 기분을 충분히 고조시켰다. 전체적으로 한국의 소리, 한국의 춤사위, 한국의 빛을 바탕으로 전위적인 서구의 키치미를 얹은 것이 이채로웠다. 한국적 전통이 도발적인 서구 전위예술과 균형을 맞추고 있는 느낌이다. 얼핏 과거시험에서 먹을 갈아 A, B, C를 썼다는 실학자 정약용 생각이 난다.

그런 전통과 현대의 조화 속에 던져진 보자기는 많은 생각을 하게 한다. 이 작품에서 보자기는 「아라비안나이트」에 나오는 '날아가는 양탄자' 며, 가리개요, 수건이다. 현실에서 꿈으로 탈출하는 마법의 양탄자 역할을 하면서 현실의 아픔과 괴로움을 가리는 차단막으로도 보였다. 또 건강한 노동을 함께 하는 수건이고, 하나를 걸쳐 포인트를 바꾸는 스카프이기도 하다. 하나의 천의 다양한 사용이 빛난다.

안은미 작품의 과감한 몸 드러내기는 이제 더 이상 뉴스도 아니어서 어색하지 않다. 이미 지난해 서울국제공연예술제 등에서부터 몸 드러내기가 세계적인 상황인 것은 이제 모두 알고 있다. 자신 있는 춘향이, 본능에 충실한 춘향이로서의 발랄한 해석도 재미있다. 이런 바탕에서 춘향이는 해학적으로 등장하며, 때로 가면 속에 숨어 관음觀淫적인 느낌도 난다. 정숙한 열녀 춘향의 기존 관념을 깨부숴 질탕한 '완판본' 춘향의 본질에 접근하는 깊은 맛은 원로의 대본에 힘입은 바가 크지 않았나 생각되기도 한다.

목욕장면도 위트가 넘치는 재미있는 장면이었고, 「사랑가」를 배경으로 치마를 이용한 춤사위도 좋은 느낌을 줬다. 변학도의 「기생점고」와 곤장을 맞으며 하나하나 이유를 다는 「십장가」 대목은 어떻게 번안돼도 흥미 있는 장면인데 안은미는 골계미와 풍자미를 놓치지 않고 이 장면을 잡아냈다.

이 작품에서 춘향이는 옥사한 것으로 생각된다. 치마를 벗어 던지는 모습이 영판 초혼招魂의 장면이다. 이어지는 검은 옷의 춤도 그런 느낌을 강화한다. 하지만 검은 옷 속에 숨어있는 원색은 〈행복한 죽음〉, 〈떳떳한 선택〉, 〈차안此岸에서의 행복〉이 연

상되기도 한다.

안은미의 〈新춘향〉은 전통과 전위 사이에서 진지, 발랄한 크로
스오버 퓨전을 만드는 데 성공했다. 물론 양쪽을 모두 천착한 본
인의 노력의 결과지만 깊은 맛을 살린 박용구 선생의 대본, 그리
고 자칫 가벼워지기 쉬운 무대에서 강한 카리스마로 중심을 잡
아낸 강미선의 힘도 커 보였다.

바리:이승편

2007년 9월 13~16일 아르코예술극장 대극장

〈심포카〉하니까 배우 고 허장강이 먼저 생각났다. 그가 남긴 명 대사 '마담, 우리 심심한데 뽀뽀나 한번 할까'를 줄여 '우심뽀 까'라는 우스개가 생겨났는데 '심포카'라고 하니 일감에 '심심 한데 뽀뽀나 한번 할까'의 줄임말이 아닐까 했다. 심포카$^{Sym-phoka}$가 음악과 무용 예술을 합친 심포닉 아츠$^{Symphonic\ arts}$, 교향 적 예술의 줄임말인 줄 미처 몰랐다. 안 씨의 작품이 워낙 도발 적이고, 풍자적인데다가 어디로 튈지 몰라 그런 엉뚱한 생각이 먼저 들었다.

한국문화예술위원회와 함께 공동기획, 제작한 이 작품은 2부작 으로 이번에 바리가 지옥에 들어가기까지를 그린 〈이승편〉이 고, 2010년 바리의 지옥에서의 삶을 그린 〈저승편〉이 무대에 올랐다.

안은미의 작품 경향과 대체로 부합하는 키치미와 풍자미, 도 전적 상상력이 잘 어울렸다. 그러나 가벼움과 공격성이 더 돋

보였던 과거의 작품과 달리 안정미, 고전적 정제미가 상대적으로 빛났다.

작품은 '교향적 총체예술'을 표방한 만큼 음악적 볼륨과 미술적 색채미, 설치미술적 균형, 연극적 형태미가 무용의 상징성, 음악성과 좋은 조화를 이뤘다. 특히 형식적 새로움의 지향 속에 담아낸 전통의 온전함이 높이 평가받을 만하다. 어떻게 보면 평소 안은미 답지 않은 얌전한 작품이라고도 할 수 있겠다.

붉은 천 위에 누워있는 중성의 느낌이 나는 남성의 뒷모습 누드로 첫 장면을 열었다. 붉은 천은 탯줄이며, 생로병사가 시작하는 고행의 시작으로 상징된다. 한 끝에서 여인이 다리를 벌리고 천을 끌어당기는 모습에서 장엄한 생명의 탄생에 관능적 아름다움을 더했다.

드럼, 옥류금, 편종 등 다채로운 악기가 무대 뒤에서 연주되는 가운데 소리꾼 이희문이 안은미를 무등 태우고 등장했다. 안은미 바리의 본질을 설명하는 장면으로 파악된다. 남자도 여자도 아닌 어지자지, 사방지의 모습이다. 과연 안은미 다운 발상이다. 현대에 여성이 버려지는 것, 여성의 불평등을 강조하는 남성박멸적 페미니즘은 진부할 뿐더러 더 이상 설득력도 없다. 여자라서 버려지는 것이 아니라 남자도 여자도 아니어서 버려지는 것, 정체성의 혼란, 모든 버려지는 것에 대한 위안, 그것이 한국 샤머니즘의 실체이며, 샤머니즘의 원조인 바리의 현대적 본질이 아닐까 싶다. 안은미의 한국춤사위가 무표정하게 반복적으로 흘러 처연한 모습이다. 버려진 아픔 속에서도 결코 놓을 수 없는 삶의 강인한 의지가 읽힌다.

금줄이 내려오고 안은미만 매달린 가운데 이희문은 퇴장한다. 몸은 가고 영혼만 남은 모습이다.

나는 가도 세상은 그대로다. 국파산하재國破山河在라고 할까. 바리는 버려져도 세상은 여전하다. 슬픈 구음 속에 뛰기, 롤러스케이트, 워킹 등 흥겹고 익살스런 동작의 단순반복은 일상적 삶의 즐거움을 보여주는 것 같다. 짝이 안 맞는 양말을 신은 것은 즐거움 속에 부조화, 불균형을 보여주는 것도 같다. 어버이 은혜노래가 창으로 불리는데 트로트의 느낌도 난다. 운동권 가요를 나훈아 풍으로 부르면 꼭 이런 느낌이 난다. 익숙한 음악의 색다른 변주가 독특한 서사를 만들어낸다.

오브제의 다양한 활용도 재미있다. 붉은 천과 금줄같이 직접적 상징의 오브제도 있지만 우산의 경우 하늘을 가리는 집에서 세상을 떠도는 배 등 다채로운 의미를 준다. 내용의 독창성도 중요하지만 현대 예술에서는 역시 독창적 형식이 더 중요한 것 같다. 진부한 내용도 독창적 그릇에 담기면 새로운 맛을 내고, 내용 자체가 바뀌는 것 같다.

지루하게 의미만을 강조하지 않는 안은미 춤의 특성도 역시 고스란히 살아있다. 삼보일배, 굿거리에 락, 사물놀이, 캣우먼과 쥐, 도깨비, 기생놀이, 도깨비와 바리의 보쌈, 이별가, 농부가 등 전통 설화에 현대 영화, 민요와 락, 전혀 다른 내용 등으로 '비빔밥'을 만들어 놨다. 이 모든 것을 반복적 리듬에 미니멀한 지루함 속에 담았는데 하나하나의 의미가 묘한 흥과 관능으로 살아나 조화를 이루는데 가히 진미라 할 수 있다. 전체적으로 재료 맛을 중시해 좀 심심해 보이기도 하는 가운데 재료 특유의 맵고 짜고 달고 고소한 맛에 웃음이 절로 나기도 하고, 때로 콧등이 시큰해지기도 한다.

음악의 느낌을 감각으로 몸이 흐르는 대로 받아 뽑아낸 느낌이다. 자장가를 창으로 부르는 것은 이미 지적한 대로 묘한 서사적 재미를 준다. 식인의 느낌이 나는 장면에서는 인류학적 카니발리즘이 떠오른다. 인육을 먹는 것이 아니라 상대방의 용기를, 지혜를 먹는 것이라는. 그래서 한 연극연출가는 문화적 카니발리즘을 주장하기도 했다.

이 작품은 바리의 사랑, 즐거운 미끄럼 놀이에 이어 반인반수의 느낌이 나는 모습으로 마무리된다. 부모를 태우고 가는 바리가 연상되기도 하고, 남녀는 물론 사람도 짐승도 아닌 사방지 바리의 느낌도 난다. 흥겨움 속에 묘한 서글픔이 담긴 굿거리 락을 배경으로 작품의 시작과 같은 이희문의 무등을 타고 안은미가 손 사위를 하며 대미를 짓는다. 결코 최고조로 가지 않는 안은미 춤과 음악이 관객들을 극단으로 밀지 않고 결정적 순간에 생각을 정리하게 한다. 힘을 절약해 최고조 직전에서 꺾어 내리며 다른 생각을 하게 한다. 이질적 장르, 경향, 스타일을 대립, 병치하며 독특한 서사미를 만들어내는 안은미의 독특한 안무 전략으로 생각된다.

바리는 아버지의 뼈를 맞추고 살을 붙인 뒤 피를 돌려 숨을 쉬게 했다. 안은미의 〈바리-이승편〉은 그렇게 음악과 춤, 이미지의 모든 장면을 이어 붙여 춤으로 살을 붙이고, 음악으로 피와 숨을 돌려냈다. 새로운 전통적 형식 속에 전통과 현대를 담아 녹여낸 안 씨의 솜씨가 역시 맵다.

봄의 제전

2008년 9월 18~19일 아르코예술극장 대극장

안은미 춤이 점점 더 세련된 형식미와 탄탄한 내용을 갖춰 가는 느낌이다. 현대 무용가들이 누구나 한 번 넘어가길 원하는 스트라빈스키의 〈봄의 제전〉을 안은미만의 색으로 멋지게 색칠했다.

안은미는 무음악으로 머리는 물론 눈썹까지 밀고 화이트 스포트라이트를 받으며 제주祭主로서 무대를 이끌었다. 관객들의 긴장을 한껏 끌어올린 뒤 오케스트라 피트 아래로 사라졌다. 그리고 무용수가 천장에서 거꾸로 떨어지고, 무대 막이 바닥에서 천장으로 올라가며 마치 만화경처럼 꿈꾸는 자궁을 연상시키는 아늑한 깊은 환상적인 동굴이 만들어졌다. 그 속을 전라의 무용수가 걸어 들어가며 본격적인 〈봄의 제전〉이 시작됐다.

안은미의 〈봄의 제전〉은 원시적 힘의 충동보다는 동양적 적막함이 가득한 가운데 유머와 익살이 넘쳤다. 장대를 이용한 다양한 무브먼트와 말타기놀이, 죽마놀이 등 유희를 이용한 춤사위는 아련한 향수를 이끌어 냈다. 춤의 역동성이 뛰어나면서도 균형미를 잃지 않았으며 기대했던 안은미 특유의 폭발은 없었지만 잘 정제된 '쫀쫀한' 춤의 느낌은 여전했다.

바리:저승편

2010년 2월 25~27일까지 명동예술극장

안은미의 〈심포카 프린세스 바리-저승편〉을 다시보기 앞서 2007년 초연한 〈심포카 프린세스 바리-이승편〉과 함께 한국 현대무용사에 의미 있는 한 편으로 기록될 만한 작품의 완성을 축하하고 싶다. 한국 무속설화의 원형으로 단테의 『신곡』과 비교되는 「바리공주」 설화를 2007년 전편 〈이승편〉에 이어 이번 〈저승편〉으로 4년에 걸쳐 완성했다. 안은미는 당초 독일 탈리아 극단의 연극 「신곡」과 같은 긴 호흡의 작품을 2007년 전반부, 2010년 후반부를 만들고 싶다고 밝혔는데 약속을 지킨 춤 작가로서 성실한 노력을 우선 높이 평가하고 싶다. 개인에 따라 긍정적으로 평가하든, 부정적으로 평가하든 분명 세계를 향한 한국 현대무용의 의미 있는 발신으로 보인다.

「바리공주」는 버려진 딸이 저승에까지 가서 아버지를 살릴 영약을 구해오는 과정을 그린 한국 무속설화의 원형으로 저승을 그리고 있는 단테의 『신곡』과 내용도 비슷하다. 2007년 초연한 〈심포카 프린세스 바리-이승편〉은 2008년 피나 바우시가 이끄는 독일 부퍼탈 페스티벌에 초청된 데 이어 2009년 벨기에 보자

르극장, 오스트리아 생폴텐시립극장에 초청되는 등 국내외에서 높은 평가를 받았다. 이 같은 평가에 힘입어 〈저승편〉은 아직 완성되지도 않은 상태에서 독일 본 남아시아페스티벌, 뒤셀도르프페스티벌, 하이델베르크 등에 초청돼 기대를 모았다. 특히 세계 최대의 공연예술제로 평가되는 영국 에딘버러페스티벌은 미리부터 〈이승편〉과 함께 2011년 페스티벌에 공식 초청했다.

〈이승편〉은 바리공주가 아버지를 구하러 저승으로 가기 전까지의 이야기고, 〈저승편〉은 바리공주가 저승에서 간난신고 끝에 아버지를 구할 약을 구해오는 과정이다. 〈이승편〉에서 바리공주가 남자도 여자도 아닌 어지자지였다면, 〈저승편〉에서 바리공주는 키 110cm의 왜소증 여성 트로트가수 나용희 씨가 맡았다. 설화에서 바리공주가 딸이어서 버려졌는데 이를 현대적으로 변용해 전편에서는 양성이라는 이유로, 후편에서는 장애로 인해 버려진 것으로 설정했는데 설득력이 있다.

〈저승편〉에서 역시 안 씨의 서사는 경쾌하지만 깊었고, 비주얼은 기발하고 화려했다. 강렬한 오방색과 산업화 시대 이전 일상에서 찾은 다양한 모티브들이 유쾌한 키치로 변형돼 등장, 아스라한 향수를 보탰다. 무브먼트는 시종 몸 전체를 통으로 쓰면서 단순한 데서 점차 복잡하고 빠르게 변화하는 중독성 있는 '쫀득쫀득' 한 움직임이었다. 특히 무가巫歌를 현대적으로 편곡하고, 한국 전통춤에서 포착한 춤사위는 독창성 면에서 충분히 세계시장에서 통할만해 보였다. 하지만 첫날 공연의 경우 저승세계의 장면이 당초 예상보다 20분 정도 늘어져 속도감 있는 콤팩트한 정리가 필요해 보인다. (나머지 공연에서 달라질 것이라고 안은미는 말했다.)

작품은 해금, 가야금, 북, 장구 등으로 연주하는 구성진 굿거리로 시작했다. 굿거리는 분명 굿거린데 묘하게 느낌이 다르다. 흥겨운 장단, 가락에 어딘지 입체적 화성이 느껴지는 굿거리다. 흥보다는 날카로운 선으로 느껴지는 태평소가 이끄는 서곡은 동서양의 하이브리드가 만들어내는 흥겨우면서도 한편으로 깊은 애수가 느껴진다.

> 어디로 가야하나 어디로 가나 / 인생고개 너머너머 가다보면 잊을까 / 걷다보면 잊을까…

조용한 만가輓歌가 읊조리듯 흘러나오는 가운데 바리가 천에 실려 무대로 가로지르고 무대 뒤편 언덕 위에서 아래로 등으로 기어 굴러 내려오고, 기어서 가고 하는 가운데 주술적 느낌이 나는 노랑과 빨강을 섞은 옷을 입은 남성무용수들이 1960~70년대 온 국민이 했던 '신세계 체조'처럼 온몸을 통으로 흔들며 꾀꼬리 소리 같은 의성어를 내지르는데 흥겨움과 처연함이 묘하게 뒤엉키며 소름이 돋는 느낌이다. 분명 이승의 세계와는 다른 느낌이다. 식욕, 성욕, 물욕 등 인간의 본능적 욕심이 배제된 채 그냥 움직이는 중음신中陰身이 있다면 바로 이런 느낌일 것도 같다. 단순한 리듬이 반복되는 가운데 묘한 화성의 음악은 중독성과 함께 그로테스크한 미감을 만들어냈다.

조명이 호박에서 백색으로 바뀌며 더욱 다양한 중음신들이 스쳐 지나간다. 누워서, 또 엎드려 기어가고, 바퀴를 단 앉은뱅이 의자를 타고 굴러가고, 천에 쌓여 끌려가고, 목말을 타고 뛰어가고, 교차해 뛰고, 점프하는 등 결코 슬프지 않은 중음신들의 일상이다. 울고, 웃고, 화내는 얼굴의 '못난이 삼총사' 인형이 리모콘 차에 타고 얼굴 바로 아래서 위로 조명을 쏴 가뜩이나 못생

긴 얼굴이 더욱 그로테스크하다.

가네 가네 나는 가네
북망산천 나는 가네…
어화 넘자 북망산천이 어드멘고 어화 넘자…

만가가 저승을 헤매는 영가靈駕들이 부르는 소프라노 합창 곡哭소리 '아이고'와 어울려 슬프기도 하고 우습기도 한 레퀴엠으로 펼쳐지는 가운데 본격적인 저승장면이 펼쳐졌다. 소 가면·말 가면을 쓴 축생과 선녀, 저승사자와 혀를 빼문 처녀귀신 등 저승세계의 온갖 영가들이 앉고, 서고, 돌고, 뛰고, 목말 타고, 엎고 뒤집고, 튕기고, 나는 등 슬픈 죽음이 아니라 신입 영가들을 받는 저승 선배 영가들의 흥겨운 잔치의 느낌이었다. 이런 가운데 이승에서 막 저승으로 들어온 영가가 저승사자의 부채로 깨워져 엉덩이를 맞으며 아쉽게 저승문으로 들어가는 모습이 재미있다. 그 뒤로 들리는 공수래공수거 세상사 두고 나는 가네… 가 새삼 인생이 무상함을 일깨운다. 그러나 마치 노동요처럼 들리는 어화 넘자 어화 넘자… 가 또 다른 세상이 결코 비극은 아님을 흥겹게 말하고 있는 듯하다.

이 장면에서 문득 소설가 황석영 씨가 떠올랐다. 문단에서는 그를 '황구라'라고도 부른다. 어느 자리에 가나 소설보다 재미있는 그의 입담 때문이다. 저승마저도 재미있고 흥겹게 풀어내는 안 씨는 무용계의 '안구라'라고 해도 지나치지 않을 것 같다. 무대에서 펼쳐지는 온갖 '구라'들이 꼬리에 꼬리를 물어 기쁨과 슬픔, 환희와 애수, 순수와 그로테스크 등 서로 어울리기 힘든 양 극단을 하나로 품어냈다. 이것이 작품의 대본을 쓴 박용구 선생의 원안의 힘인지, 연출을 맡은 국내 최고의 코미디 배우이며,

작가, 연출가이기도 한 민복기 씨의 도움 덕인지도 모르겠다.

저승의 일상을 보여준 한 파트가 끝나고 병든 아버지가 딸들에게 "너희 중 누가 구지산에 가서 약을 구해올꼬"라고 했을 때 귀하게 키운 흑대, 황대, 옥대, 백대공주 등 언니들의 이기적이고 쌀쌀 맞은 거절이 재미있다. 보통 춤 무대에서 대사와 음악이 따로 노는 경우가 많은데 잘 훈련된 소리와 대사, 움직임과 타이밍이 어울린 희극을 보는 것 같아 더욱 재미있다. 착암기 뚫는 소리, 공사장 소리 등 중음계를 넘어 저승으로 들어오는 과정을 표현한 저승의 다양한 모습들이 섬뜩한 아름다움을 보여준다. TV 드라마 대장금 스타일의 모자 또는 만화영화「은하철도 999」의 주인공 메텔의 의상을 한국적으로 풀어낸 검은 의상이 저승이 이승과 다르지 않음을 말하고 있는 것도 같다.

가랑이 사이에 가발을 놓고 다리를 손으로, 팔을 다리로 보이게 한 모습으로 이승의 껍질을 벗기는 장면도 기발한 착상으로 생각된다. 여러 가지 LED 조명으로 분장 역시 독특한 재미를 준다. 뱀의 형상으로 무대를 기는 기이한 모습, 금강불괴 부처 등 다양한 저승의 풍경이 '끔찍한 지옥도'가 아니라 축생, 아수라 등 육도를 순례하는 수행의 과정으로 그려진 것도 곱씹어 볼만한 대목이다.

그리고 마침내 어린 아이 같은 순수를 가진 바리의 고행에 의해 아버지 뿐 아니라 모든 인간이 구원되는 과정을 그린 검은 옷의 살풀이, 서프라이징 엔딩으로 처리된 승천의 모습이 지루하지 않은 서사로, 화려한 블록버스터 비주얼로 해학적으로, 낙관적으로 그려져 즐겁다. 특히 전편과 다른 형식과 내용으로 수미를 상응, 일관되게 주제를 풀어간 점을 높이 평가하고 싶다.

조상님께
바치는 댄스

2011년 2월 18~20일 두산아트센터

안은미가 두산아트센터와 콤비를 이뤄 처음 공동 제작한 이 작품은 평생 춤이라고는 배워보지 못한 할머니들의 소박한 몸짓과 리듬을 소재로 하고 있다. 안은미 무용단원들과 함께 전북 익산시 김길만 할아버지와 신점순 할머니, 그리고 경북 영주시 강신하 할머니 등 20명의 할머니들이 출연했다. 실제 삶과 노동에서 건져낸 질박한 몸짓의 신명나는 흥은 보는 이의 어깨를 절로 들썩이게 하며 웃음 짓게 해 과연 행복한 춤이 무엇인가에 대한 답을 준 것도 같다.

무대는 와이셔츠와 티셔츠, 원피스, 치마, 내의 등 하얀색 옷가지를 이어붙인 배경막이 전부였다. 조명과 영상이 투사되면서 살아나는 옷의 질감, 이미지는 세월의 리프린팅, 또는 인간 삶의 흔적이 연상됐다. 얼핏 전통제례에서 초혼을 위해 지붕 위에서 흔드는 옷의 느낌도 났다.

공연은 막이 오르기 15분 전부터 시작했다. 서해안 고속도로를 돌아 남해안과 동해 등 전국을 일주하며 촬영한 할머니, 할아버지들의 즉흥 몸짓 콜라주 영상이다. 구부러진 허리에 엉덩이를 쑥 빼고 늘어진 가슴을 올려 세우며 손발을 흔들며, 들썩이는 어깻짓이 삶과 세월이 만든 자연스런 몸짓 그대로다. 긴장과 이완이니, 원스텝 투스텝 호핑스텝이니 하는 기교는 전혀 없다. 모두가 자연스런 멜로디와 리듬에 자신이 지내온 삶의 세월을 얹은 그대로다. 본능의 장단이요, 켜켜이 쌓아온 삶의 리듬과 호흡이다. 시장, 미장원, 이발관, 버스정류장, 공중전화 부스, 찜질방, 포장마차, 마을회관, 모내는 논 등 사람 사는 모든 곳이 무대였다. 무대의 주인공들은 엇박자에 마음대로 들어가 뛰고 달리고, 자신의 흥을 이기지 못하고 그야말로 방방 뛰는 박제되지 않은 막춤이 박제된 의상의 배경 막과 묘한 조화를 이루며 인생의 허무도 느끼게 한다. 배경음악으로 나오는 노래 「사의 찬미」는 이 같은 느낌을 더 한다.

예술의 기원이 제의설과 유희설로 나뉘는데 이 작품의 영상 프롤로그만 보면 유희설이 맞을 것 같다. 엄격한 형식 아래 삶을 구원하는 예술이 아니라 기쁨을 못 이겨 뚫고 나오는 행복이 바로 예술이라는 생각이 든다.

본격 무대는 안은미가 열었다. 길놀이의 성격이 느껴지는 춤으로 투사된 춤의 핵심을 뽑아 만든 춤으로 몸짓을 최대한 자연스럽게 하고 에너지를 아끼며 절정을 대비한 몸짓을 무대 가득 뿌려 놓았다.

안은미의 판 열음에 이어 고흥균, 김혜경, 이제성 등 7명의 '안은미표' 무용수들이 할머니, 할아버지의 몸짓에 각자의 흥을 더해 다양하게 변주했다. 객석에서 웃음도 나고, 흥에 겨워 박수도 나오지만 계속되는 반복에 좀 지루해질 무렵 진짜 할머니 할아버지들이 무대에 등장했다.

그들은 생활공간이 무대였던 영상과 달리 극장 무대에서 긴장된 모습이 역연했다. 그런 어색함이 오히려 무대의 진실성을, 응시의 두려움을 실감케 한다. 그러나 이내 무용수의 도움으로 긴장이 풀어지고 자연스런 워킹으로 시작해 약간은 계면쩍었던 몸짓이 웃음으로, 흥으로 살아나 '서사적인 막춤'으로 무대를 장악했다. '소문만복래'笑門萬福來를 패러디한 '무문만복래' 舞門萬福來 (춤추는 집에 복이 온다)가 투사되면서 할머니 무용수들은 서로를 끌어안고 등을 두드리며 그들의 성공적인 데뷔무대를 축하했다.

하지만 무대는 여기가 끝이 아니었다. '추억의 대중가요' 메들리를 배경으로 본 공연보다 더욱 긴 듯한 뒤풀이가 이어졌다. 최백호의 「낭만에 대하여」로 시작해 군가 「여군 미스리」, 조용필의 「단발머리」, 정훈희의 「꽃밭에 앉아」, 심수봉의 「백만 송이 장미」 등 한 시대를 풍미했던 상징적 노래들에 이어 이른바 '뽕짝 메들리'까지 흥겹게 이어지며 '몸뻬바지'를 입은 막춤이 펼쳐졌다. 「단발머리」 노래에 맞춘 할머니 할아버지들의 단발머리 가발이며 의상이 웃음을 자아냈고, 할머니들의 춤을 과장 또는 단순화시켜 테크닉화한 전문무용수들의 춤은 막춤의 흥을 효과적으로 묶어냈다. 마지막 김길만 할아버지와 신점순 할머니의 수줍은 블루스(?)는 객석을 숙연케 하는 감동이었다.

음악은 꺼져도 제 흥에 겨운 춤은 계속됐고, 관객들의 박수와 환호는 객석에 불이 환하게 들어온 뒤 더욱 커졌다. 춤은 삶의 기쁨의 표현으로 행복하기 위해 추는 것이라는 명쾌한 진리를 확인케 하는 쌉쌀한 감동의 흥겨운 역작이었다.

5

자기만의 색깔로 그리는 인간에 대한 사랑

정의숙, 전미숙, 안은미 이들 세 사람의 춤의 합㒵에는 독창성, 실험성, 상징성, 전통성, 현대성, 인간성, 사실성, 풍자성, 서사성, 단순성을 비롯해 균형과 조화, 구조적 완결성, 장르 간 크로스오버와 파트너십, 스펙터클 등 현대무용이 요구하는 거의 모든 것이 포함돼 있다고 해도 지나치지 않다. 물론 하나의 작품이 이 모든 것을 포함하고 있다는 것은 아니다. 그들 작품의 합이 이 모든 것을 포함하고 있다는 것이다. 이들은 각 작품마다 이 모든 요소를 조금씩 건드리며 자신만의 장점을 부각시키고 있다. 이들 작품을 면밀히 분석, 공통점과 차이점을 추출해내면 과거의 축적 위에 구축된 현재 한국춤의 현주소와 나아갈 방향을 전망할 수 있을 것으로 본다. 정의숙, 전미숙, 안은미의 춤을 일관하는 가장 두드러지는 공통적 특징은 자신만의 정체성Identity이다. 이들은 자기만의 분명한 춤 색깔로 주제를 풀어나간다.

정의숙은 고전의 단아함이 잘 정제된 세련된 춤사위에 마치 물이 흘러가는 듯한 자연스런 흐름을 갖고 있다. 그는 무리하게 움직임을 만들어가려 하지 않는다. 억지로 주제를 부연설명하려 하지 않고 그저 자연스런 흐름에 맡긴다. 단단한 미니멀리즘으로 필요 없는 것들을 깎아내 표현의 정수만 남긴다. 난해하지 않은 명쾌한 언어로 구축한 단단한 구조 속에서 응축된 내재적 리듬감이 포착해내는 문학적 상상력은 한국 현대무용에서 일품으로 꼽힌다. 한계를 넘지 않으면서 꾹꾹 눌러 담아내는 그의 고전적 절제미는 애이불비哀而不悲로 요약되는 한국인 특유의 한恨의 정서를 닮았다.

전미숙의 춤은 강렬한 상징의 단순한 무대에서 수학적으로 잘 계산된 역동적인 움직임을 통해 충격적 이미지로 관객들을 압도한다. 잘 계산된 무대에서 감성과 이성이 복합돼 극도로 단순화한 무대와 움직임을 통해 강렬하게 대비된다. 날카로운 풍자로 현실을 비판, 관객들을 감각적 흡인력으로 빨아들인다. 그리고 팽팽하게 긴장된 실을 끊어내듯 무대를 전복하는 독특한 서프라이징 엔딩은 경직된 사고를 깨뜨리며 이미지와 움직임 그 자체로 가슴에 다가온다. 그의 단순, 명쾌, 통쾌한 움직임의 에너지는 늘 관객들에게 신선한 충격을 준다.

안은미 춤의 독특성은 이미 세계가 인정했다. 좌충우돌하는 흥겨운, 아니 흥겹다 못해 신들린 듯한 그의 생명력은 이미 피나 바우시가 자신의 부퍼탈 페스티벌에 안무가로 초청하고, 세계 최고, 최대의 공연예술축제로 평가되는 에든버러 페스티벌이 한국 무용작품 가운데 처음으로 그의 작품을 공식 초청했을 정도다. 오죽했으면 영국의 평론가 도나채드 맥카시가 '삶이 힘들면 안은미의 작품을 보라. 즐거워질 것이다'라고 했을까.

또 그들의 춤은 리얼리즘에 바탕하고 있다. 그들의 춤은 현실과 유리되지 않았다. 현실을 있는 그대로 그려내며 그것을 비틀어 풍자해낸다. 기름진 비계를 벗겨 살을 발라 구워내고, 뼈를 고아 진국을 우려낸다. 그 진액에 시대정신을 압축, 감동의 고명을 얹어 화룡점정畵龍點睛한다. 리얼리즘에 바탕한 안은미의 현실 풍자는 이미 유명하다. 가부장 사회의 여성성의 문제에서 시작, 인간 모두의 숙명인 죽음에 대해 천착하고, 죽음을 넘어 놀이를 통해 인간의 삶의 풍요를 노래했다. 또 전통설화와 소설을 통해 물질만능사회에서 소외된 사람들의 아픔을 흥겨운 풍자로 울지도 웃지도 못하게 만들었다. 그리고 지금은 살아있는 몸의 시작과 끝의 한 줄긋기 운동을 펼치며 할머니에서 청소년으로 이어지는 인간의 춤을 추고 있다.

정의숙은 단아한 틀 속에서 시대정신의 흐름 속에서 테러 문제, 청소년 문제, 소수자의 사랑 문제, 교육 문제 등을 풀어낸다. 최근에는 분단을 넘어 통일 문제까지 접근해나가고 있다. 여성 문제, 속물주의 등 현실적인 인간 삶의 부조리는 전미숙 작품의 영원한 주제 가운데 하나다.

이 모든 것이 각각의 특징에 따라 표현과 형식은 다르지만 인간에 대한 사랑, 휴머니즘으로 표출된다는 것도 공통점이다. 그들의 작품 속에는 살아있는 인간, 고통 받는 인간, 피 흘리는 인간, 상처받은 인간이 주인공이다. 정의숙, 전미숙, 안은미 세 사람은 각각의 방식으로 인간에 대한 사랑을 진하게 쏟아내며 보편적 인간애로, 모성으로 인간의 상처를 감싸 새 살을 돋아나게 한다.

재미있다는 것도 공통점이다. 그 재미는 영화적 재미, 음악적 재미, 유희의 재미, 생각하는 재미, 상상을 뛰어넘는 사고의 폭 넓히기의 재미가 있다. 흥겨운 영화의 한 장면 속에 그리운 노스탤지어를 담아내고, 삶의 흥겨운 기록사진 속에서 살아있는 몸을 감상하는 재미가 있다. 무대에서 균형과 조화를 갖춘 완벽한 춤을 감상하는 재미도 있지만 나이트클럽과 카바레, 막춤을 추는 흥겨움도 있다. 클래식 음악에 맞춰 영혼의 깊은 침잠에서 대중가요로 반전, 흥겹게 폭발하는 재미가 있다. 보는 재미, 듣는 재미, 머리가 즐거운 재미, 몸이 공감하는 재미가 있다. 시원스럽게 터져 나오는 카타르시스의 재미다. 예기치 못한 반전과 충격의 재미가 있고 안정된 평안의 재미가 있다. 삶의 모든 감각을 확장하는 재미다.

이 모든 것을 새롭게 표현하려는 새로움을 향한 끝없는 실험정신도 공통점이다. 정의숙은 영상과의 협업을 통해 장르통합의 새로운 지평을 달려 나가고, 전미숙은 결벽증처럼 추구해오던 완벽한 형식미에서 탈피, 새로운 실험의 장에서 움직임을 찾아내고 있다. 안은미는 무대를 떠나 거리에서, 들판에서, 광장에서 할머니, 할아버지들과 함께 몸의 역사를 찬미하는 축제를 펼치고 있다. 마치 수잔 랑케가 한국 인간문화재의 춤을 보고 "몸은 사라지고 영혼만 남아 추는 춤"이라고 했던 말이 떠오른다. 이들이 이미 얻은 성과에 만족하지 않고 새로움을 향해 자기만의 스타일로 끝없이 나아가는 그것은 예술의 궁극적인 목표인 무한한 자유정신이라고 해도 지나치지 않아 보인다.

이들은 자기만의 독특한 형식 속에 인간에 대한 사랑을 정통, 또는 다양한 실험으로 표현하면서도 결코 균형과 조화를 잃지 않는다. 주제와 구성, 춤과 음악, 무대와 조명, 영상을 하나로 묶어 명쾌한 논리로 자신의 메시지를 전달한다. 실험에, 풍자에, 자유로운 시대정신을 담아내지만 그것을 이유로 결코 예술적 완결성을 포기하지 않는 미덕을 갖고 있다.

마지막으로 중요한 것은 예술적 작업과 그들의 삶이 유리되지 않았다는 것도 공통점이다. 그들의 작품을 보면 그들의 모습이 보인다. 유쾌하면서도 절도를 지키며 겸손하게 탐구하며 연구하면서도 결코 품위를 잃지 않는다. 타인에 대한 배려와 다른 사람의 예술에 대한 인정은 그들의 작품이 현재도 훌륭하지만 미래에 더욱 의미 있는 작품을 기대하게 한다. 물론 한국 현대무용을 이들 세 사람에 대한 연구로 자세히 들여다본다는 것은 불가능한 일이다. 워낙 다양한 흐름이 있기 때문이다. 코끼리를 한 번도 본 적이 없는 사람이 눈을 감고 만지며 코끼리를 생각하는 것과 마찬가지일 것이다. 하지만 한 번쯤 시도해볼만한 가치가 있는 일이라고 생각한다. 만유불성萬有佛性이라고 하지 않던가. 하물며 만물의 영장인 인간의 삶 속에는 오묘한 우주의 진리가 들어있다. 한 사람의 삶에는 그가 살아온 시대의 역사가 오롯이 배어있기 마련이다. 원론보다도 사람에 대한, 작가에 대한 연구가 필요한 것도 이 때문이다. 인간의 삶 속에는 시행착오를 포함한 따듯한 원론이 다양한 각론, 벤치마킹이 가능한 방법론으로 생생하게 살아있기 때문이다. 이번 작업은 아직 살아서 활발하게 활동하는, 전성시대를 구가하는 작가들에 대한 집중적인 연구가 거의 없는 현실에서 최소한 그들의 생각과 작품을 대비, 하나의 주제 아래 시의성 있게 늘어놔 봤다는데 의미가 있다.

앞으로 한국 현대무용 1세대들에 대한 작품 연구가 필요해 보인다. 하루가 다르게 현기증 나도록 변화하는 현대무용의 특성상 그들의 작품은 현재 더 이상 주목받기 힘들다. 이미 지나간 흐름일 수 있기 때문이다. 하지만 그들의 성과가 없이 현재의 성과는 없다. 그들의 시대상황과 작품을 분석, 그들 작품의 원래 위치를 복원하고 아직도 필요한 현재의 자양분을 추출하는 것이 중요하다.

또 지금 활약하는 다양한 중견 및 젊은 무용가들의 안무 작업을 비교분석, 어려운 여건에서 분투하고 있는 그들에게 다양한 정보와 아이디어 제공과 함께 그들의 노고를 격려할 필요도 있어 보인다.

특히 이들 현대의 무용가들을 한국무용, 발레, 현대무용 3분법의 프로크루스침대에서 탈피, 한국 창작무용가의 보다 넓은 틀 안에서 연구할 필요가 있다.

춤과 비평에 대해

세계 무용계 최고의 스타를 꼽는다면? 사람에 따라 다양한 무용가를 꼽을 수 있겠지만 글쓴이의 경우 네덜란드댄스시어터 NDT의 예술감독이었던 지리 킬리언을 꼽고 싶다. 글쓴이는 그를 두 차례 만났었다. 한 번은 1998년 11월 NDT가 자리하고 있는 네덜란드 덴하그 루슨트 극장 그의 사무실에서, 또 한 번은 2002년 10월 서울에서

다. 그를 만나고 나서야 느낀 것인데 '현대무용의 나침반'으로 불리는 그의 춤 미학도 미학이지만 그를 더욱 돋보이게 하는 것은 그의 열린 정신으로 생각된다.

그는 비평가들을 위해 춤을 만들지 않는다. 대중과 교류하기 위해 춤을 만든다. 무용사에 자신의 이름을 남기는 데 보다는 후배들을 키우는 데 더욱 열중한다. 그가 발굴한 젊은 무용가가 70여 명에 이르는 것이 이를 단적으로 보여준다. 스페인 국립발레단 예술감독 나초 두아토, 이스라엘 바체바댄스컴퍼니 예술감독 오하드 나하린을 비롯해 윌리엄 포사이드, 마츠 에크 등 세계적 안무가들 가운데 상당수가 킬리언의 '학생'들이다.

2002년 그가 한 말이 기억이 남는다.

> "젊었을 때 모차르트나 바흐를 들으면서 나도 그들처럼 이름을 남기고 싶은 적이 있었다. 그러나 지금은 그렇지 않다. 나는 역사를 신뢰하지 않는다. 역사는 편리에 따라 왜곡될 수 있기 때문이다. 단적인 예로 일본의 역사교과서가 잘못된 한국 역사를 싣고 있지 않은가. 또 역사라는 것은 시간이 지나면서 사라지기도 한다. 나는 더 이상 무용역사에 남는 인물이 되고 싶지 않다. 무용은 음악과 같이 (기록을 통해) 임팩트를 남기는 작업이 아니다. 나는 오늘 현재 관객들에게 기쁨을 주는 것에 만족한다. 중요한 것은 미래를 준비하는 젊은 안무가들을 위한 장 마련이다. 그게 내가 무용사에 남길 수 있는 가장 중요한 것이라고 생각한다."

킬리언과 그의 학생들이 보여준 무대는 현재 한국 춤의 문제에

대한 정확한 해결방향과 그 전범을 명확하게 제시하고 있는 것
처럼 보인다. 기본기의 충실성, 음악성, 관객을 생각하는 춤, 열
린 마음, 후배들 키우기, 선배들 아끼기, 춤의 예술성과 대중성,
보편성과 독창성 등 우리 춤의 문제를 해결할 수 있는 가능한 모
든 단서를 충분히 몸으로 보여줬다는 생각이다.

킬리언은 자신의 성공의 비밀을 '타이밍' Timing이라고 말했다.
그냥 재수 좋게 우연히 시대의 흐름과 맞아 성공했다는 겸손의
표현일 것이다. 그는 이어 '정직하게' Honest 관객을 만난 데 있
다고 덧붙였다. 그리고 자신의 '설명할 수 없는 욕망'들을 '단
순화' Simplication하고 '생략의 과정' Process of elimination을 통해 본질Es-
sence을 추출하려 노력한 데 있다고 말했다.

그의 말을 들으며 문득 1998년 네덜란드 덴하그(헤이그) 루슨
트극장 킬리언의 사무실에서 그를 처음 만났을 때가 생각났다.
그때 그와 인터뷰를 시작하며 평론가들의 의견을 바탕으로 해
서 "당신의 춤은 체코의 민속무용에 바탕 한 낭만발레에서 출발
하는 것으로 알고 있다"면서 질문을 시작했다. 그때 그는 '타이
밍'을 놓치지 않고 "멍청이"Idiot라는 말을 세 번이나 반복했다.
말도 되지 않는 웃기는 소리 작작하라는 말이다. 너무 직설적으
로 부정하고 나서자 글쓴이도 '열이 받아' 오기가 발동, 프랑스
보르다스 출판사에서 나온 『현대무용사』 책을 꺼내들고 밑줄
을 쳐가면서 반론을 폈다. 이들 세계적 평론가들이 당신의 춤을
그렇다고 말하고 있다고 따지고 들었다. 그러자 그는 이내 "당
신에게 한 말이 아니라 평론가 일반에 한 말"이라고 한 발 물러
서며 부연설명을 했다. 자신은 자유의지로 춤을 만드는데 평론
가들은 왜 자꾸 거기에 다른 이름을 붙이냐는 것이다. 춤 평론

가들이 최고의 무용가로 꼽는 킬리언 같은 대가도 개인적으로는 평론가와 관계가 썩 좋지 않음을 느끼게 하는 대목이다. 당시에는 그의 말을 완전히 이해하지 못했다. 그러나 NDT의 작품을 10여 편 보게 되면서 그때 그가 한 말의 의미를 어느 정도 느끼게 됐다.

킬리언 춤의 정수는 단순성에 있다. 끊임없이 잔가지를 쳐나가면서 몸통만 남기는 고통스러운 생략과 제거의 과정Process of elimination인 것이다. 그러나 평론가와 기자들은 그가 보여준 단순화한 몸통에 다시 잔가지와 잎사귀를 그려 넣고 꽃까지 피운다. 향기를 진동하게 하면서 벌레들도 꼬이게 하는 것이다. 킬리언이 고생해서 그려 놓은 수묵 남화에 유화물감을 칠한 격이 된 것은 아닐까 싶다. 역사도 신뢰하지 않는 그가, 평론가나 기자들의 이 같은 윤색을 좋아할 까닭이 없을 것이다. 그래서 자기의 춤을 자신의 의도와 다르게 재단하는 '글쟁이'들에게 사적으로 독설을 퍼부었는지 모른다.

그러나 그가 기자나 평론가의 존재를 결코 무시하지는 않는 것 같았다. 2002년 만났을 때 "오랜만이다. 나를 기억하느냐"고 물으며 악수를 청하자, 그는 "물론"이라며 "나의 사무실을 찾아온 첫 한국기자"라고 반갑게 악수를 나눴다. 이는 그가 평론가들과 서로의 영역을 인정하는 '아름다운 거리'距離를 유지하고 있는 태도로 여겨진다. 자신에 대한 평론가들의 지적을 '민감'하게 반응하는 자체가 그들의 지적에 관심을 갖고 있다는 것의 반증이기 때문이다.

그러나 우리의 경우 춤과 비평의 관계가 언제부터인가 그 '아름다운 거리'를 잃었다는 느낌이다. 비평과 춤이 사안별로 유착돼 맹목적이 되거나, 춤이 비평을 무시하고, 비평 역시 춤을 무시하는 상황이다. 즉 춤은 거울을 잃고, 거울은 깨어져 춤의 의미 없는 일면만을 하릴없이 비추는 형국이 아닌가 생각된다.

'낭패' 狼狽라는 단어가 있다. 앞다리가 긴 이리가 '낭' 狼이고, 뒷다리가 긴 이리가 '패' 狽다. 이놈들은 서로가 협력하지 않으면 꼼짝 할 수 없기 때문에 항상 붙어 다닌다. 이렇게 함께 다니던 '낭'과 '패'가 어떻게 해서 떨어지게 되면 방향을 잃고 오도 가도 못하고 버둥거릴 수밖에 없는데 이 경우가 바로 '낭패'다. 현재 우리 춤과 비평의 관계가 꼭 이렇지 않은가도 싶다. 이렇게 된 데는 양쪽 모두의 잘못이 있을 것이다. 그러나 글쟁이로서 먼저 비평에서 그 잘못의 단서를 찾고 싶다.

서른 중반에 처음 무용 담당 기자가 됐을 때다. 데스크가 향후 우리나라를 이끌어갈 젊은 무용가를 하나 선정하라고 지시를 내렸다. 무용에 대해 정확한 지식은 물론 정보조차 없었던 글쓴이는 우선 평론가들을 찾았다. 당시 춤평론가회 회원이 10명이 채 안 됐다. 그래서 젊은 평론가 3명에게 젊은 무용가를 5명씩만 뽑아달라고 했다. 그중에서 가장 많은 표를 얻은 사람을 뽑으려 했던 것이다. 그러나 겹치는 사람이 하나도 없이 15명이 나왔다. 그래서 2명에게 더 5명씩을 선정해 달라고 했다. 그랬더니 24명이 됐다. 1명만이 두 표를 얻고 나머지는 모두 1표에 그치고 만 것이다. 이때 우리 무용계에 통용되는 보편적 준거 틀이 없다는 것을 실감했다. 어떤 예술장르이거나 보기 나름이지만 이것은 좀 지나친 것 같았다. 가치의 상대화가 지나쳐 아무도 믿을 수 없는 아노미 또는 무정부 상태로 생각됐다.

그래서 현장을 찾을 수밖에 없었다. 공연을 앞두고 무용가들의 연습장을 찾기 시작해 1년쯤 지난 뒤부터 내 나름의 춤을 판단하는 틀을 겨우 잡아낼 수 있었다. 물론 이 틀은 불완전하다. 그래서 매번 현장에서 조금씩 깨지면서 넓혀갈 수밖에 없으며 지금도 그렇게 하고 있다.

'빙탄불상용' 氷炭不相容처럼 끼리끼리 관계를 맺어오던 평론가와 무용가들의 관계는 결국 무용가들의 무용전문지 발간으로까지 이어졌고 춤평론가회도 일부가 빠져나가 새로운 단체를 만들었다.

춤은 말 그대로 '온 에어'다. 공연이 끝나면 날아가 버린다. 비디오로 찍어두기는 하지만 그것은 상자 속에 갇힌 미라일 뿐이다. 현장의 그 감동과 느낌은 살아나기 어렵다. 그래서 상상력이 가미된 가장 오래된 기록수단인 문자에 의존하는 경우가 많다. 공정한 리뷰와 비평이 담보되지 않은 상황에서 무용가들이 중심이 돼 새로운 무용전문지를 만들게 된 것도 어쩌면 당연한 일이다. 물론 관련 전문지가 많아진다고 해서 나쁠 것도 없다. 표현의 자유가 보장된 국가에서 누구든지 만들 수 있다. 공급은 자유인 것이다. 선택은 수요자인 독자의 몫이다. 그러나 이를 바탕으로 불공정한 음습한 거래나, 편싸움을 통해 가뜩이나 아노미 상태인 무용계를 더욱 혼란시켜서는 안 된다는 생각이다.

애초에 글쓴이가 춤에 접근한 것은 기자의 입장에서이지, 평론의 입장이 아니다. 그래서 평론보다는 춤추는 무용가를 더 가까이했던 것이 사실이다.

한국 춤평론 최고의 전통을 자랑하는 월간 「춤」지에 처음 리뷰를 기고했을 때다. 공연장에서 우연히 다른 잡지에 무용평을 기고하는 모씨를 만났는데 그는 다짜고짜 "K선생님을 배신했다"고 힐난했다. 무슨 이야기인지 몰랐다. 그래서 K선생님을 만났을 때 그런 것이 배신이냐고 물었다. 당사자는 그렇지 않다고 했다. 하지만 그 후 좋은 관계를 유지했던 다른 잡지와 모씨 등과 왠지 서먹서먹한 거리가 생겼고 이 거리를 극복, 다시 원상태를 복구하는 데 꽤 많은 시간이 필요했다.

공정한 준거 틀과 시각이 상실된 상황에서 무용리뷰와 비평은 현재 춘추전국시대를 방불케 하고 있다. 이에 따라 아무렇게나 만들어진 무용에 대해 아무나 아무렇게 비평을 하는 상황에 이르렀다는 말이 나올 정도다. 여기에는 물론 글쓴이 자신도 포함된다. 무용과 비평이 모두 죽어갈지 모르는 위험한 상황인 것이다.

이와 관련 우선 가장 큰 책임은 '아름다운 거리'를 유지하며 비평대상을 존중하지 않고 그 위에 군림하려고 했던 비평의 잘못이 크다고 생각한다. 그러나 비평을 무시하는 창작 역시 궁극에는 나르시시즘을 넘어 무모한 교만에 빠질 우려가 있다.

대안은 이미 지적한 대로 킬리언과 그의 학생들이 몸으로 보여줬다고 생각한다. 작품에 대한 정직한 열정과 함께 새로운 인물을 발굴하고, 경험 있는 사람들의 지혜와 기술을 배우는 열린 자세가 필요하다. 이것이 진정한 의미의 역사의식일 것이다. 또 일반적인 가치 기준 위에서 자신의 독창적인 언어개발과 관객과의 즐거운 소통이 필요할 것이다. 이제 남은 것은 실천의 문제다. 그 '타이밍'은 아무리 빨라도 늦다. 춤과 비평이 더 이상 힘을 낭비해서는 안 된다. 서로가 정직하게 춤을 만들고, 글을 써야 한다.

미국의 배우 패트릭 스웨이지와 제니퍼 그레이가 주연한 「더티 댄싱」Dirty Dancing이라는 영화가 있다. 상류사회의 귀한 막내딸 제니퍼 그레이가 상류사회에서 음란하다고 비판하는 '더티 댄싱'이라고 부르는 춤을 배우면서 인간에 대한 새로운 가치발견과 함께 진정한 사랑에 눈을 뜬다는 내용이다. 이 영화에서 패트릭 스웨이지는 제니퍼 그레이에게 춤을 가르치면서 "여기는 너의 공간, 여기는 나의 공간"이라며 서로의 공간을 침범하지 않으면서 조화와 긴장을 유지할 것을 요구한다. 그 '아름다운 거리'가 서로에 대한 존중과 사랑인 것이다. 서로의 공간을 지키지 못한 채 마구잡이로 뒤섞여 춤을 춘다면 정말 '더티 댄싱'이 될지도 모를 일이다.

흔히 21세기는 문화의 시대라고 한다. 미래학자 존 나이스비츠가 이 세기에 직접적인 만남을 제공하는 순수예술 시장이 스포츠시장보다 확대될 것이라고 예측한 것도 이를 뒷받침한다. 이 시각중심의 세기에서 순수예술시장의 핵심 중의 하나가 언어를 넘어서는 메타언어 움직임을 수단으로 하는 춤이다. 그러나 춤과 비평이 지금과 같이 '낭패'한 상황을 서로가 무책임하게, 또는 교만하게 방관한다면 연못 속의 붕어 두 마리와 같은 형국을 면키 어려울 것이다. 결국 한 마리가 죽어 물 위로 떠오를 것이고, 물도 따라 썩어 들어가 연못 속에는 아무 것도 살 수 없게 될 것이다.

사진 크레디트

정의숙

p.18-19, 24, 30-31, 40-41, 45, 67, 68 **이상석**
p.35, 72-73 **홍범석**
p.54, 59 **이현준**
p.80-81, 84 **이재용**
p.17 **최영모**

전미숙

p.108 **이도희**
이외의 모든 사진 **최영모**

안은미

모든 사진 **최영모**

서울문화재단

이 책은 서울문화재단의 '2011년 예술연구서적발간 지원사업' 선정 저서로,
예술인 유인촌 님이 조성한 기부금을 활용하여 제작되었습니다.